SINN
Mensch und Welt
als Gottes Schöpfung
VOLL
Zwischen geschenkter
und gemachter Welt
SINN

SINNVOLLSINN
Religion an Berufsschulen
Materialien für die Fachklassen des Dualen Systems und die entsprechenden Bildungsgänge

Herausgegeben vom Institut für berufsorientierte Religionspädagogik,
Prof. Albert Biesinger, Dr. Joachim Schmidt, Tübingen

Band 2:
Mensch und Welt als Gottes Schöpfung
Zwischen geschenkter und gemachter Welt

Erarbeitet von Michael Boenke,
in Kooperation mit Prof. Dr. Albert Biesinger, Josef Jakobi, Prof. DDr. Klaus Kießling und Dr. Joachim Schmidt

Zum Schulbuch erscheint ergänzend und vertiefend eine DVD mit Bilddateien, Arbeitsblättern, Filmausschnitten, Liedern, Lexikon, die bei Bestellung eines Klassensatzes mitbestellt werden kann. Diese Materialien dürfen über das Intranet der Schule genutzt werden.

Bitte beachten Sie:
Das Internet ist ein schnelllebiges Medium, dessen Inhalte sich einer wirksamen Kontrolle entziehen. Herausgeber, Autor und Verlag haben sich bei allen Link-Angaben bemüht, ausschließlich »langlebige« Adressen seriöser Quellen anzugeben, die jugendgemäß sind und keinerlei Gewalt verherrlichende, diskriminierende, pornografische oder sonstige sittenwidrige Inhalte transportieren. Alle Angaben werden auch bei jeder Neuauflage des Buches überprüft.
Dennoch kann nicht restlos ausgeschlossen werden, dass durch Veränderungen (z. B. Übernahme einer Domain durch einen neuen Inhaber) unerwünschte Inhalte auf den Seiten stehen, Links nicht mehr funktionieren oder auf andere Seiten mit unerwünschten Inhalten verwiesen wird. Verlag, Herausgeber und Autor von SinnVollSinn distanzieren sich von solchen Inhalten, weisen Sie als Lehrkraft auf die besondere Aufsichtspflicht bei der Nutzung des Internets im Unterricht hin und bitten Sie um Hinweise an den Verlag, sollten Ihnen unerwünschte Inhalte auf den angegebenen Internet-Seiten auffallen.

Umwelthinweis:
Dieses Buch wurde auf chlor- und säurefreiem Papier gedruckt.

2. Auflage 2011

In aktueller Rechtschreibung (2006)

Umschlag: Kaselow Design, München
Satz: Kösel-Verlag, München
Druck und Bindung: Kösel, Krugzell
Printed in Germany
ISBN 978-3-466-50731-3

www.koesel.de

SINN

Mensch und Welt als Gottes Schöpfung

VOLL

Zwischen geschenkter und gemachter Welt

Erarbeitet von Michael Boenke,
in Kooperation mit Prof. Dr. Albert Biesinger,
Josef Jakobi, Prof. DDr. Klaus Kießling und Dr. Joachim Schmidt

SINN

Kösel

Inhaltsverzeichnis

Vorwort ... 6

Mensch und Tier als Schöpfung 7

Tina und Paul ... 7
Mensch – Tier – Pflanze ... 8
Seelenverwandtschaft ... 9
Aus Schülersicht ... 10
Das Tier zum Kaufen ... 11
Tierschutz – mit aller Gewalt ... 12
Das Tier zum Essen ... 13
Zwischen Messer und Würstchen ... 14
Religionen zur Tierhaltung – Christentum ... 15
Religionen zur Tierhaltung – Islam und Judentum ... 16
Orientierungswissen 1: Mensch und Tier als Schöpfung ... 17

Schöpfungsmythen 18

Tina und Paul ... 18
Allah, Schöpfer von Himmel und Erde ... 19
Schöpfungserzählung – Genesis 1 ... 20
Schöpfungserzählung – Genesis 2 ... 22
Höhepunkt der Schöpfung ... 23
Der Sinn des Sonntags ... 24
Orientierungswissen 2: Schöpfungsmythen ... 25

Gott – Evolution – Mensch 26

Tina und Paul
Das moderne Weltbild – Die Evolution ... 27
Evolution und Bibel ... 28
Die Evolution der Menschen ... 29
Evolution auf Indisch ... 30
Evolution und Kritik ... 31
Kritik an der Kritik ... 33
Ein Loblied auf den Schöpfer ... 34
Mein Menschenbild ... 35
Lasst uns Menschen machen ... 37
Orientierungswissen 3: Gott – Evolution – Mensch ... 36

Mensch und Welt als Schöpfung 39

Tina und Paul ... 39
Die Erde unterwerfen? ... 40
Frauenpower für den Wald ... 41
Die Erde leidet ... 42
Müll ... 43
Das Archeprinzip ... 44
Neue Archen braucht der Mensch ... 45
Orientierungswissen 4: Mensch und Welt als Schöpfung ... 46

Gentechnik – Fluch oder Segen? 47

Tina und Paul . . . 47
Was ist heute schon machbar? . . . 48
Menschen machen . . . 49
Kinderwunsch on the rocks . . . 51
Das Glück braucht keine Perfektion . . . 52
Stopp sagen . . . 53
Orientierungswissen 5: Gentechnik – Fluch oder Segen? . . . 54

Schöpfung und Arbeit 55

Tina und Paul . . . 55
Was bedeutet Arbeit? . . . 56
Zwischen Frust und Traumberuf . . . 57
Berufswahl – Berufsqual? . . . 58
Die Letzten werden die Letzten bleiben? . . . 59
Girls'Day . . . 60
Immer funktionieren? . . . 61
Beruf Hausfrau . . . 62
LKW-Lebenskünstler Walter . . . 63
Beruf und ... Freizeit . . . 64
Freizeit – Kaufzeit . . . 65
Wertewandel in der Arbeit . . . 66
Arbeit heute . . . 67
Arbeitslosigkeit . . . 68
Arbeitslosigkeit und Kirche . . . 69
Globalisierung . . . 70
Welchen Kaffee würde Jesus trinken? . . . 71
Theologische Sicht der Arbeit . . . 72
Arbeitswoche eines Pfarrers . . . 73
Orientierungswissen 6: Schöpfung und Arbeit . . . 74

Liebe 75

Tina und Paul . . . 75
Sex ... ualität . . . 76
Liebe – was ist das? . . . 77
Liebe in Worten . . . 78
Verheiratet 79
... und geschieden . . . 80
Die Liebe zu Jesus . . . 81
Liebe in der Bibel . . . 82
Liebe – wenn sie fehlt . . . 83
Orientierungswissen 7: Liebe . . . 84

Glossar 85

Text- und Bildnachweis 95

Vorwort

Liebe Schülerinnen und Schüler!
Sehr geehrte Kolleginnen und Kollegen an den Berufsbildenden Schulen!

Die vorliegenden Unterrichtsmaterialien der Reihe „SinnVollSinn an Berufsschulen" sind multimedial entfaltet. Das Modul „Mensch und Welt als Gottes Schöpfung: zwischen geschenkter und gemachter Welt" besteht aus diesem Schulbuch und der zugeordneten DVD, die sowohl vertiefende als auch ergänzende Aspekte der Themen enthält.
Die Thematik des Moduls basiert auf dem „Grundlagenplan für den katholischen Religionsunterricht an Berufsschulen", herausgegeben vom Sekretariat der Deutschen Bischofskonferenz, Bonn 2002, Themenbereich 3.4.

Der Einsatz von Buch und DVD im Religionsunterricht eröffnet vielfältige Vernetzungen und abwechslungsreiche methodische Bearbeitungsweisen. Der Gebrauch von Buch und DVD ermöglicht anregende Kombinationen von Bildern, Sachtexten, Erfahrungsberichten, Arbeitsblättern, O-Tönen und theologischem Glossar. Er fördert kommunikative Arbeitsweisen und stärkt das Lernen.

Das pädagogische Konzept der Reihe „SinnVollSinn an Berufsschulen" ist
- schülerorientiert durch seinen Lebens- und Erfahrungsbezug,
- berufsbezogen durch den Bezug zu Arbeitssituationen und Betriebsabläufen,
- thematisch strukturiert,
- handlungsbezogen besonders durch die „Tipps",
- methodisch innovativ durch seine neuartigen Kombinationsmöglichkeiten und
- variantenreich strukturierbar bis zu „spontanen Zugriffsweisen".

Die unterrichtsnah gestalteten Materialien und Medien sind aus der konkreten Praxis des Religionsunterrichts entwickelt. Ihre Offenheit lässt den Beteiligten im Religionsunterricht die Freiheit zur je eigenen Auswahl, unterstützt Schulplanentwicklungen und ermöglicht zugleich eine Zuordnung zu den Länderlehrplänen. So können regionale Besonderheiten, religiös unterschiedliche Prägungen und schulische Bedingungen produktiv beachtet werden.

Das Team des Instituts für berufsorientierte Religionspädagogik, Tübingen, mit dem Autor Michael Boenke lädt Sie ein, sich durch das multimediale Werk anregen zu lassen, es im Religionsunterricht an Berufsbildenden Schulen, insbesondere in Lerngruppen der dualen Ausbildung, einzusetzen und mit beiden Versionen zu experimentieren.

Das Team: *Albert Biesinger, Michael Boenke, Josef Jakobi, Klaus Kießling, Joachim Schmidt*

TINA UND PAUL

PAUL: *Guten Morgen, Tina. Wie siehst denn du aus? Hast du geheult?*

TINA: *Hexi ist gestorben!*

PAUL: *Wer?*

TINA: *Mein Meerschweinchen.*

PAUL: *Ach so. Die alte Meersau.*

TINA: *Das verstehst du sowieso nicht – du hast ja gar kein Haustier!*

PAUL: *Doch, meinen Bruder.*

TINA: *Witzig!*

PAUL: *Mein Gott, so ein Theater wegen so einem kleinen Vieh. Und beerdigt wird es wahrscheinlich auch noch? Hast du schon einen Grabstein?*

TINA: *Du begreifst wirklich nichts. Hexi hat mit zur Familie gehört. Und sie fehlt uns jetzt.*

PAUL: *Das versteh ich schon, aber sie war doch bloß ein Tier.*

TINA: *Trotzdem ist es schlimm, wenn es stirbt. Meine Mutter hat auch geheult. Nur mein Bruder hat das gleiche geredet wie du.*
Ein Mann darf ja nicht weinen!

PAUL: *Wo habt ihr sie begraben?*

TINA: *Im Garten, mein Bruder hat das Loch gegraben und ein kleines Kreuzchen aufgestellt.*

Projektidee

Richten Sie an Ihrer Schule ein Aquarium ein, das von Ihnen betreut und gewartet wird. In der Zusammenarbeit mit dem Mathematik-, Physik-, Chemie- und dem Biologieunterricht werden die technischen und biologischen Voraussetzungen für eine artgerechte Haltung der Tiere erarbeitet. Im Elektro-, Holz- oder Metallunterricht können die technischen Installationen wie Filter, Beleuchtung ... und der Unterschrank gefertigt werden.
Mit Futterautomaten oder Hilfe von Hausmeistern lassen sich auch längere Ferienzeiten problemlos für die Tiere überbrücken.

Mensch – Tier – Pflanze

AUS DEM BUCH Judit
16:14 Dienen muss dir deine ganze Schöpfung. Denn du hast gesprochen, und alles entstand. Du sandtest deinen Geist, um den Bau zu vollenden. Kein Mensch kann deinem Wort widerstehen.

JAPANISCHE KLEINWAGEN ALS NUSSKNACKER

Ein Beispiel aus der neueren Forschung zeigt die erstaunliche Kreativität von Tieren bei der Lösung von Problemen: Japanische Verhaltensforscher haben beobachtet, wie Rabenvögel es schaffen, hartschalige Früchte oder Nüsse zu knacken. Die Vögel lernten zunächst, mit den Leckerbissen in große Höhe zu fliegen und sie dann auf einen harten Untergrund fallen zu lassen, um die Schalen zu öffnen. Da das aber nicht immer reichte, entwickelten die Tiere eine neue Strategie: Sie ließen die Nahrung auf viel befahrene Straßen fallen, auf dass der Autoverkehr die Nüsse knackte. Der Nachteil dabei war das Risiko, überfahren zu werden, wenn sich die Vögel ihre Nahrung von der Straße holten. Und so kamen die cleversten unter den Vögeln schließlich auf die Idee, die Früchte auf Zebrastreifen abzulegen. Hier rollt regelmäßig der Verkehr, die Autos knacken auch die härteste Nuss, aber: Bei Rot können die Vögel sich unter die Fußgänger mischen und die Futterstückchen ohne großes Risiko von der Straße holen. Solch ein Verhalten setzt genaue Beobachtung und Planung voraus und außerdem die Fähigkeit, Werkzeuge zu gebrauchen – in dem Fall japanische Kleinwagen als Nussknacker einzusetzen.

- Erklären Sie die Unterschiede zwischen Pflanze, Tier und Mensch.
- Was macht den Menschen aus?
- Diskutieren Sie die Unterschiede.

SCHÖPFUNG BEDEUTET FÜR MICH ...

Pflanzen können ...
Tiere können ...
Menschen können ...

TIPP
Besuchen Sie Naturkundemuseen, botanische Gärten, Zoos, Aquarien ...

„K. (9 Jahre) ist nicht einmal fähig, den Löffel selbst zum Mund zu führen. Alleine würde er verhungern. Er kann auch nicht reden. Ich hole ihn morgens ab, wir tragen ihn in den Bus. Er kann gar nichts alleine machen. Ich glaube auch, dass er uns nicht versteht. Seine Mutter wurde in der Schwangerschaft bestrahlt."

Zivildienstleistender

„Ich rede mit meinen Pflanzen, ich glaube, dass sie mich verstehen. Über den Philodendron habe ich gelesen, dass er unsere Gedanken lesen kann ..."

Hausfrau

Seelenverwandtschaft

Der New Yorker Dokumentarfilmer **Gregory Colbert** fotografiert seit 14 Jahren Menschen und Tiere. Was so leicht, so verträumt und glücklich aussieht auf seinen Bildern, ist in Wahrheit das Produkt harter Arbeit und Geduld. Denn Colbert verbringt Monate in den entlegensten Winkeln der Welt und wartet auf den perfekten Moment der Interaktion zwischen Mensch und Tier, nichts ist gestellt. Colberts Botschaft: „Ich sage nicht, dass der Mensch keine wunderbare Spezies ist. Aber er ist eben auch nur eine unter vielen."

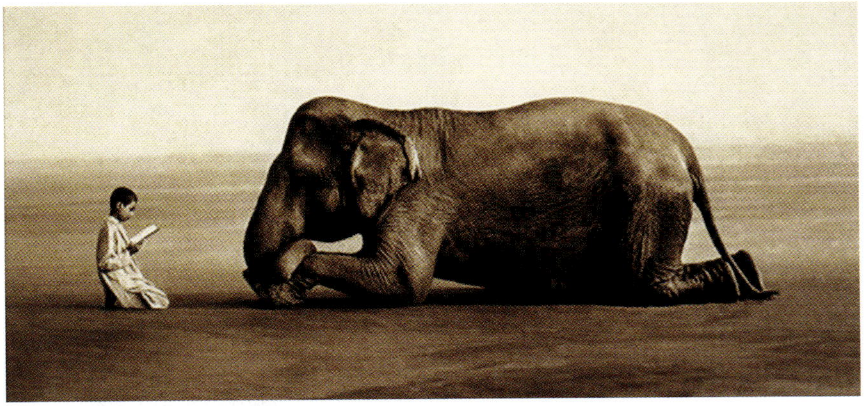

Der Fotokünstler **Daniel Lee**, geboren 1945 in China, lebt heute in den USA und widmet sich seit Jahren der digitalen Verfremdung von Fotografien. In der Serie „Manimals", aus der der „Stiermensch" und die „Tigerfrau" stammen, gab er den Portraits von 12 realen Personen die Gesichtszüge der entsprechenden Sternzeichen-Tiere aus dem chinesischen Kalender.

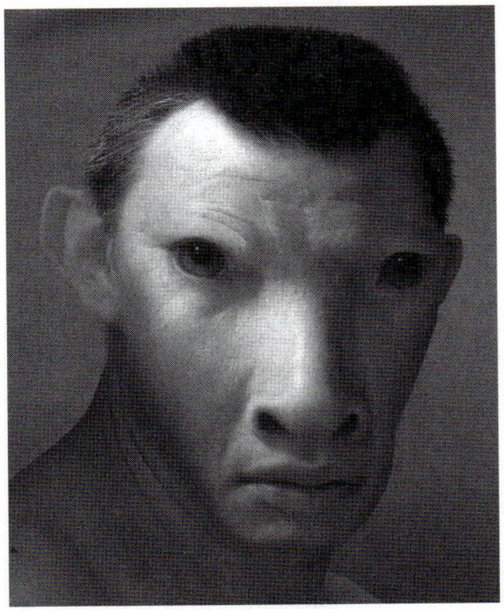

Warum gabst du uns die tiefen Blicke,
unsre Zukunft ahndungsvoll zu schaun,
unsrer Liebe, unsrem Erdenglücke
wähnend selig nimmer hinzutraun?
Warum gabst uns, Schicksal, die Gefühle,
uns einander in das Herz zu sehn,
um durch all die seltenen Gewühle
unser wahr Verhältnis auszuspähn?

Johann Wolfgang von Goethe

Aus Schülersicht

Der Tierschutz macht Fortschritte. Nummer 30287 hat Freigang

UNTERSCHIEDE MENSCH – TIER

Schüleraussagen Klasse 1BK Technik und Medien

Tiere handeln instinktiv.

Menschen schmücken sich.

Menschen sprechen verschieden Sprachen.

Menschen gehen aufrecht.

Menschen erlernen die meisten Dinge.

Menschen haben Gefühle.

Menschen sind unberechenbare Wesen.

Tiere können nicht weinen.

Menschen haben eine ausgeprägte Mimik.

Menschen entwickeln unterschiedliche Gesellschaftsformen.

Menschen essen viele Tiere – Tiere essen nur wenige Menschen.

Menschen haben Tieren gegenüber überlegene Fähigkeiten, scheinen aber nicht in der Lage, ihre Zukunft zu sichern. Somit ist das Tier dem Menschen überlegen.

Der Mensch hat seinen eigenen Willen.

Tiere können ebenfalls kommunizieren.

LIED DES MENSCHEN

Ich bin ein Mensch; doch bild ich mir nicht ein
Ich könnt im Dunkeln besser sehn als Eulen
Ich könnte lauter als die Wölfe heulen
Und könnte stärker als ein Löwe sein.
Ich bin ein Mensch; doch glaub ich nicht, ich sei
So glücklich wie Delfine, wenn sie springen
So selig wie die Meisen, wenn sie singen
Auch nicht so schnurrig wie ein Papagei.
Ich bin ein Mensch und doch in jedem Tier
In Laus und Adler, Raupe, Pfau und Schnecke.
Sie sind die fernsten Ahnen und ich stecke
In jedem Tier und jedes steckt in mir.
Doch ich bin Mensch in ganz besondrem Sinn.
Wenn Tiere schnurrig sind, verspielt und heiter,
Dann sind sie schnurrig, heiter und nichts weiter.
Ich aber weiß es, wenn ich glücklich bin.
Was Tiere sind, das sind und bleiben sie.
Ein Wolf bleibt Wolf. Ein Löwe bleibt ein Löwe.
Doch ich kann alles sein, Delfin und Möwe.
Ich bin ein Mensch. Ich habe Fantasie.

James Krüss

- Wählen Sie zwei Aussagen aus, eine, die Sie für richtig halten, und eine, die Sie für nicht richtig halten. Sprechen Sie über jede Aussage eine Minute vor der Klasse.
- Notieren Sie, was Ihre Mitschüler als typisch menschlich bezeichnen.

TIPP
Diskutieren Sie die wichtigsten Schüleraussagen in der Familie, mit Lehrern, Vorgesetzten ...

Das Tier zum Kaufen

INTERVIEW MIT EINER ZOOFACHHÄNDLERIN

Frau K., wie sieht Ihr Berufsalltag aus?

Morgens geht es schon früh los, da muss vor dem Öffnen saubergemacht und gefüttert werden. Hauptsächlich verkaufen wir Zierfische. Dann kommen die Kunden. Abends wird wieder saubergemacht.

Sie haben eine Praktikantin. Welche Voraussetzungen muss man für den Beruf mitbringen?

Wir sind auch Ausbildungsbetrieb. Die Leute, die zu uns kommen, lassen sich an der Berufsschule im Bereich Einzelhandel ausbilden. Wichtig für uns ist, dass sie in den Bereichen Biologie, Physik, Chemie und Mathe fit sind. Die müssen eben berechnen können, was nötig ist, um diese kleine Welt im Aquarium artgerecht zu gestalten. Es ist auch wichtig, dass die Auszubildenden flexibel und lernwillig sind. Wir haben hier allein 300 Fischarten, der Kunde will wissen, wie die alle heißen und wie man sie artgerecht hält. Man muss immer neu dazulernen. Wenn neue Krankheiten auftauchen, müssen wir neue Medikamente anbieten. Gleichzeitig müssen unsere Angestellten auch kaufmännische Kompetenzen haben. Das Wichtigste ist, dass sie mit den Kunden freundlich umgehen und sie fachlich gut beraten.

Welche Ratschläge zur Tierhaltung geben Sie?

Zuerst mal muss der Kunde sich fragen, welches Tier ihm liegt. Er sollte auch auf die Ratschläge des Händlers hören. Viele wissen zum Beispiel nicht, dass Meerschweinchen Rudeltiere sind. Da schenken Eltern ihrem Kind eins und dann noch in einem viel zu kleinen Käfig – das geht nicht! Man hat eine Verantwortung dem Tier gegenüber, egal ob Fisch oder Säugetier. Man braucht Zeit für das Tier, den nötigen Platz, man muss es richtig ernähren, kurz gesagt, es muss artgerecht gehalten werden. Man muss auch bedenken, dass mit dem Kauf nicht alles bezahlt ist, ein Tier verursacht Nebenkosten.

Sie haben den Begriff Verantwortung betont, warum ist Ihnen gerade dieser Aspekt wichtig?

Wer ein Kuscheltier haben möchte oder sich ein Aquarium einrichtet, muss Verantwortung übernehmen. Gerade Kinder ab zehn Jahren oder Jugendliche können mit Tieren auch lernen, Verantwortung zu übernehmen. Das sieht man gut am Beispiel Aquarium. Man muss diese kleine Welt am Leben halten. Von der Hebamme, wenn kleine Fische bei den „Lebendgebärenden" zur Welt kommen, bis zum Techniker, der Heizung und Filter wartet, übernimmt man hier die Verantwortung für ein kleines Ökosystem im Wohnzimmer. Wie gut es den Tieren geht, hängt von mir ab.

AUS Psalm 8

8:7 Du hast ihn als Herrscher eingesetzt über das Werk deiner Hände, hast ihm alles zu Füßen gelegt:
8:8 all die Schafe, Ziegen und Rinder und auch die wilden Tiere,
8:9 die Vögel des Himmels und die Fische im Meer, alles, was auf den Pfaden der Meere dahinzieht.
8:10 Herr, unser Herrscher, wie gewaltig ist dein Name auf der ganzen Erde!

- Nennen und beschreiben Sie weitere Berufe, die sich mit der Haltung und Pflege von Tieren beschäftigen.
- Beschreiben Sie an Beispielen mit Ihren Haustieren, was artgerechte Haltung bedeutet.
- Welche Art von Verantwortung kann man erlernen, wenn man Haustiere hält?
- Wem (Jugendlichen, Alten, Behinderten ...) würden Sie welche Haustiere empfehlen? Argumentieren Sie.
- Im Psalm ist der Mensch als Herrscher eingesetzt. Diskutieren Sie, *wie* er über die Mitgeschöpfe herrschen soll.

TIPP
Informieren Sie sich in einem Zoofachgeschäft über den Beruf.

Tierschutz – mit aller Gewalt

ALF SCHLÄGT ZU: VERSUCHSTIERFARM MACHT DICHT

Nach sechs Jahren Dauerfehde mit militanten Tierschützern gibt britischer Meerschweinchenfarmer endgültig auf

BERLIN taz – Am kommenden Samstag soll gefeiert werden. Mit einer landesweiten Demonstration im nordenglischen Burton on Trent feiern militante Tierschützer ihr nach sechs Protestjahren erreichtes Ziel: Die Besitzer der Darley Oaks Farm in Newchurch haben angekündigt, ihre Meerschweinchenzucht endgültig aufzugeben.

Seit 30 Jahren züchtete der Familienbetrieb in den Midlands Meerschweinchen für Tierversuche. 1999 waren Tierschützer auf die Farm aufmerksam geworden und begannen, die Familie Hall zu terrorisieren. Ein Sprecher der Kampagne „Stoppt die Newchurch Meerschweinchen" (Save the Newchurch Guinea Pigs/SNGP) triumphierte nach der Bekanntmachung: „Das ist der schönste Tag meines Lebens und ein großer Sieg für die Tierschutzbewegung." Im letzten Jahr attackierten Tierschützer die Darley Oaks Farm beinahe 450 mal, über 60 Leute wurden verhaftet. Die Polizei gab zur Sicherung der Farm und des Dorfes Hunderte Millionen Pfund aus. Den Tierversuchsgegnern war keine Methode zu schade, um ihrem Protest Ausdruck zu geben. 1999 fing alles damit an, dass sie die Meerschweinchen stahlen. Dann bezichtigten sie Familienmitglieder der Pädophilie und verschickte Hass-Mails. Später gingen sie dazu über, Strom- und Telefonleitungen der Halls zu kappen, Brandsätze auf das Grundstück zu werfen und alle mit der Familie in Kontakt stehenden Personen und Einrichtungen zu bedrohen. Die Halls mussten auch ihre Milcherzeugung einstellen, da ihre Abnehmer unter dem Druck der Tierschützer die Verträge aufkündigten. Als dann im Oktober 2004 auch noch die verstorbene Schwiegermutter von Christopher Hall aus ihrem Grab entfernt wurde, war das Maß voll. In der Bekanntmachung der Familie Hall heißt es jetzt, man hoffe, durch die Schließung den Leichnam der 82-jährig Verstorbenen wiederzubekommen.

Die Meerschweinchen-Schützer streiten den Leichenraub ab. Als Drahtzieher hinter der SNGP wird die radikale Tierschützergruppe ALF (Animal Liberation Front) vermutet. Sie gilt als militanteste Tierschutzorganisation der Welt. Ihre Mitglieder befreien Versuchstiere, bedrohen Personen und Gebäude, beschädigen oder zerstören Fahrzeuge sowie Geräte, die mit der Ausbeutung von Tieren in direktem oder indirektem Zusammenhang stehen. Die ALF-Strategie setzt darauf, dass der finanzielle Aufwand für Sicherungsmaßnahmen den Forschern zu groß wird, sodass sie ihre Projekte aufgeben. Auf diese Weise sind in den letzten Jahren schon etliche Investoren aus Großbritannien vertrieben worden.

„Niemand darf einem Tier ohne vernünftigen Grund Schmerzen, Leiden oder Schäden zufügen." Dieses ist der Grundsatz des Tierschutzgesetzes, das zuletzt 2000 novelliert wurde. Damit wurde das umfassende Tierschutzrecht weiterentwickelt, das sich über viele Jahre hinweg in Deutschland entwickelt hat und weltweit Maßstäbe setzt. Das Tierschutzgesetz gilt für alle Tiere, unabhängig davon, ob sie vom Menschen genutzt werden oder frei leben.
Aber auch jede/r Einzelne trägt Verantwortung für die Tiere; sei es als HalterInnen von Nutz- oder Heimtieren oder als VerbraucherInnen, die mit dem Warenkorb Einfluss auf die Haltungsbedingungen der Tiere nehmen, deren Produkte sie kaufen. Vorrangig ist der persönliche Einsatz jeder und jedes Einzelnen.

- Beschreiben Sie in eigenen Worten den Konflikt.
- Bewerten Sie das Verhalten der „Tierschützer".
- Kennen Sie Verstöße gegen das Tierschutzgesetz in Ihrer Region?
- Diskutieren Sie effektive Maßnahmen des Tierschutzes.

TIPP
Erstellen Sie ein Plakat „Zehn Gebote im Umgang mit Tieren".

Das Tier zum Essen

Im Jahr 2003 betrug die durchschnittliche Einkaufsmenge von Fisch pro Käuferhaushalt in Deutschland 10,2 kg.

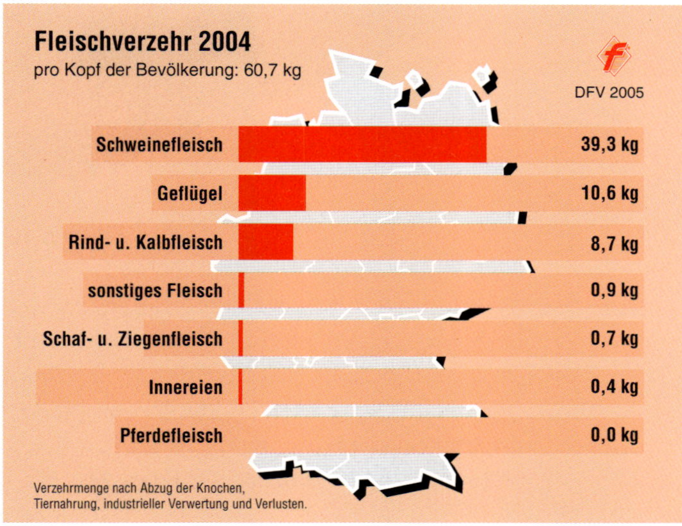

ALTES HACK, FRISCH VERPACKT

60 Tonnen Gammelfleisch in Gelsenkirchen beschlagnahmt

Gelsenkirchen (dpa/Reuters) – Erneut haben Kontrolleure in Deutschland Fleisch beschlagnahmt, das deutlich zu lange gelagert und für den Handel mit gefälschten Etiketten versehen wurde. Im Kühlhaus einer Firma in Gelsenkirchen wurden 60 Tonnen Roastbeef und Putenhackfleisch sichergestellt, dessen Haltbarkeitsdatum lange abgelaufen war, teilte die Stadt mit. Die tiefgekühlte Ware sei mit falschen Daten neu ausgezeichnet worden. Große Teile des Fleisches seien bereits in den Handel gelangt, sagte ein Sprecher der Stadt Gelsenkirchen. Die Staatsanwaltschaft Essen hat unterdessen die Ermittlungen aufgenommen. Neben den sichergestellten 60 Tonnen Fleisch seien mindestens 50 weitere Tonnen in andere Bundesländer gelangt, sagte ein Sprecher des nordrhein-westfälischen Verbraucherschutzministeriums am Sonntag in Düsseldorf. Vermutlich sei zumindest ein Teil davon in den Handel gekommen. Es sei aber noch unklar, ob es nicht noch mehr als 50 Tonnen seien. Die Untersuchungen dazu liefen noch. „Eine Gesundheitsgefahr besteht aber nach derzeitigem Kenntnisstand nicht", betonte der Sprecher. Ein Teil der Ware sei sicher schon verzehrt. „Aber es ist so, dass noch einiges sicherzustellen ist."
Den Großteil seiner Ware verkaufte das Unternehmen nach bisherigen Erkenntnissen an zwei Gelsenkirchener Fleischverarbeitungsbetriebe, die unter anderem Bratwürstchen und Geflügel-Nuggets herstellen, wie ein Sprecher der Stadt sagte.

„... zu Risiken und Nebenwirkungen befragen Sie Ihre Gesundheitsministerin!"

- Erstellen Sie im Laufe einer Woche eine eigene Statistik über Ihren Fleisch- und Wurstkonsum.
- Diskutieren Sie mit Vegetariern und Metzgern das Thema Fleisch.
- Überdenken Sie Ihre Ernährungsgewohnheiten. Was wollen Sie verändern?

Zwischen Messer und Würstchen

AUS DEM BUCH Genesis
1:29 Dann sprach Gott: Hiermit übergebe ich euch alle Pflanzen auf der ganzen Erde, die Samen tragen, und alle Bäume mit samenhaltigen Früchten. Euch sollen sie zur Nahrung dienen.

Metzger könnte ich nie werden, weil ...

Fleisch esse ich, denn ...

- Sammeln Sie Informationen zum Berufsbild des Metzgers.
- Führen Sie ein Interview mit einem Metzgermeister zum Thema: „Metzger früher – Metzger heute".
- Erstellen Sie einen Regelkatalog „Zehn Gebote im Umgang mit Schlachttieren".

ZEHN GEBOTE IM UMGANG MIT SCHLACHTTIEREN
unter besonderer Berücksichtigung der Ernährung, Haltung, des Transportes und der Schlachtung:

1. ____________________
2. ____________________
3. ____________________
4. ____________________
5. ____________________
6. ____________________
7. ____________________
8. ____________________
9. ____________________
10. ____________________

Früher, da wusste man noch, was auf den Teller kam. Ich habe meinem Vater noch beim Schlachten zugeschaut. Die Tiere, die auf den Tisch kamen, davon kannte ich die meisten. Die sind ja bei uns auf der Weide herumgesprungen. Natürlich war es immer wieder grausam, ein Tier zu schlachten, das man gekannt hatte. Ich weiß noch, wir hatten ein Schwein, die Flori, als Kind bin ich sogar auf der geritten. Als die mein Vater geschlachtet hatte, da hab ich kein Stück davon gegessen.
Sonst war das aber immer ganz schön; der Geruch, wenn das Schwein gebrüht wurde, den habe ich heute noch in der Nase. Dann gab es frische Blutsuppe. Kesselfleisch mit Salz und Brot. Das ganze Dorf war da. Obwohl ich die Tiere meist gekannt habe, hatte ich damals eigentlich kein schlechtes Gewissen, sie zu essen. Heute ist das anders. Wir haben unsere Tiere nicht gequält. Die haben gut gelebt bis zum Tod. Heute weiß man das ja alles nicht.

Maria B., Bäuerin

Doch endlich schlachtet man das Schwein,
Da freute sich das Bäuerlein.

Wilhelm Busch

Religionen zur Tierhaltung – Christentum

FRAGEN DES TIERSCHUTZES

Die Tierhaltung in landwirtschaftlichen Betrieben ist seit Jahrzehnten von einer enormen Produktionssteigerung und Intensivierung geprägt. Arbeitsteilige Produktionsmethoden, steigender Maschineneinsatz und zunehmende Mobilität sind Kennzeichen dieser Entwicklung. Das gesamte System von Züchtung, Haltung, Fütterung, Transport, Vertrieb und Verzehr von Tieren ist zu hinterfragen. Dabei muss die problematische Gesamtentwicklung der kommerziellen Nutzung der Tiere für den massenhaften menschlichen Konsum insgesamt in den Blick genommen werden. Dies kommt meist zu kurz bei den öffentlich diskutierten Einzelaspekten wie Artgerechtigkeit der Haltung, Einsatz verbotener Futtermittel und Tiermedikamente, Tiertransport über weite Strecken, massenhafte Vernichtung männlicher Küken gleich nach der Geburt, Verfütterung von Tiermehl aus Kadavern oder der hohe vorbeugende Medikamenteneinsatz, vor allem in modernen Großställen. Die Empörung über die Keulung ganzer BSE-Rinderbestände und über die entsetzlichen Bilder brennender Kuhkadaverberge hat viele Verbraucher zu einem Aufschrei und einer Infragestellung ihres Einkaufsverhaltens veranlasst, die Mehrzahl allerdings nur für wenige Monate. Offenbar sind die Bewusstseinsbildungsprozesse und politischen Maßnahmen nicht nachhaltig, um tragfähige Zukunftschancen für eine breite Schicht von Bauernhöfen mit neuen Methoden und Strukturen in der Fleischwirtschaft aufzubauen. Es fehlt an Kooperationen zwischen Landwirtschaft, Nahrungsmittelindustrie und Verbrauchern für den mühsamen Prozess einer Neuorientierung im Umgang mit landwirtschaftlichen Nutztieren.

Neuorientierung für eine nachhaltige Landwirtschaft. Ein Diskussionsbeitrag zur Lage der Landwirtschaft mit einem Wort des Vorsitzenden der Dt. Bischofskonferenz und des Vorsitzenden des Rates der Ev. Kirche in Deutschland

- Geben Sie die wichtigsten Thesen der beiden Statements wieder.
- Diskutieren Sie die Aussagen, mit denen Sie nicht übereinstimmen.

ACHTUNG DER UNVERSEHRTHEIT DER SCHÖPFUNG

2415 Das siebte Gebot verlangt auch, die Unversehrtheit der Schöpfung zu achten. Tiere, Pflanzen und leblose Wesen sind von Natur aus zum gemeinsamen Wohl der Menschheit von gestern, heute und morgen bestimmt. Die Bodenschätze, die Pflanzen und die Tiere der Welt dürfen nicht ohne Rücksicht auf sittliche Forderungen genutzt werden. Die Herrschaft über die belebte und die unbelebte Natur, die der Schöpfer dem Menschen übertragen hat, ist nicht absolut; sie wird gemessen an der Sorge um die Lebensqualität des Nächsten, wozu auch die künftigen Generationen zählen; sie verlangt Ehrfurcht vor der Unversehrtheit der Schöpfung.

2416 Tiere sind Geschöpfe Gottes und unterstehen seiner fürsorgenden Vorsehung. Schon allein durch ihr Dasein preisen und verherrlichen sie Gott. Darum schulden ihnen auch die Menschen Wohlwollen. Erinnern wir uns, mit welchem Feingefühl die Heiligen, z. B. der hl. Franz von Assisi und der hl. Philipp Neri, die Tiere behandelten.

2417 Gott hat die Tiere unter die Herrschaft des Menschen gestellt, den er nach seinem Bild geschaffen hat. Somit darf man sich der Tiere zur Ernährung und zur Herstellung von Kleidern bedienen. Man darf sie zähmen, um sie dem Menschen bei der Arbeit und in der Freizeit dienstbar zu machen. Medizinische und wissenschaftliche Tierversuche sind in vernünftigen Grenzen sittlich zulässig, weil sie dazu beitragen, menschliches Leben zu heilen und zu retten.

2418 Es widerspricht der Würde des Menschen, Tiere nutzlos leiden zu lassen und zu töten. Auch ist es unwürdig, für sie Geld auszugeben, das in erster Linie menschliche Not lindern sollte. Man darf Tiere gernhaben, soll ihnen aber nicht die Liebe zuwenden, die einzig Menschen gebührt.

Katechismus der Katholischen Kirche

Religionen zur Tierhaltung – Islam und Judentum

Rituelle Schlachtung, Spanien, 14. Jahrhundert

AUS DEM BUCH
Deuteronomium

12:15 ... weil du Appetit auf Fleisch hast, sagst: Ich möchte gern Fleisch essen, dann darfst du so viel Fleisch essen, wie du möchtest.
12:16 Das Blut aber sollt ihr nicht genießen, sondern wie Wasser auf die Erde schütten.
12:23 Doch beherrsche dich und genieße kein Blut; denn Blut ist Lebenskraft, und du sollst nicht zusammen mit dem Fleisch die Lebenskraft verzehren.

ISLAM

AUS DER 5. SURE DES Korans: DER TISCH (AL-MÁEDAH)

3. Verboten ist euch das Verendete sowie Blut und Schweinefleisch und das, worüber ein anderer als Allahs Name angerufen wurde; das Erdrosselte, das zu Tode Geschlagene, das zu Tode Gestürzte oder Gestoßene und das, was Raubtiere angefressen haben, außer dem, was ihr geschlachtet habt, ferner das, was auf einem heidnischen Opferstein geschlachtet worden ist.

DIE BEDINGUNGEN DES ISLAMISCHEN SCHLACHTENS

Nach islamischer Auffassung sind für die rechtmäßige Reinheit des Fleisches von Tieren folgende Bedingungen zu erfüllen:
Das Tier muss mit einem scharfen Schlachtinstrument geschlachtet werden, das dazu geeignet ist, es durch Zertrennen von Blutgefäßen ausbluten zu lassen ...
Das Schlachten muss derart geschehen, dass die Kehle des Tieres durchgeschnitten oder die Öffnung der Kehle durchgestochen wird, damit es stirbt ...
Kein anderer Name als der Allahs darf beim Schlachten über dem Tier gesprochen werden ... Der Tod des Tieres darf ausschließlich durch den Schlachtvorgang verursacht werden. Eine vorherige Betäubung mittels Elektroschock und mit Bolzenschussgeräten darf nicht erfolgen. Durch eine instrumentelle Betäubung des Schlachttiers besteht die Gefahr, dass das Schlachttier durch die Anwendung des Betäubungsinstrumentes schon vor dem Schlachtvorgang stirbt und auf diese Weise die Schlachtung nicht mehr eindeutig den Todesgrund des Tieres darstellt ...

JUDENTUM

Nahrung ist nach jüdischer Vorstellung „koscher“ – und damit essbar – oder „trefe“, d. h. unrein. Säugetiere sind koscher, wenn sie zweigespaltene Hufe haben und Wiederkäuer sind. Daher ist Schweinefleisch „trefe“, also nicht „koscher“.
Raubvögel und Fische ohne Flossen und Schuppen sind ebenfalls „trefe“. Somit sind beispielsweise der Stör, aber auch sein Kaviar, sowie Hummer, Langusten, Muscheln, Tintenfische und Schnecken verboten. Pflanzliche Lebensmittel gelten meist als koscher. Bei den Juden gilt für Warmblüter, also Vögel und Säugetiere, das Schächtungsgebot.

► **Schächten ist in Deutschland nicht erlaubt. Aus religiösen Gründen können aber Ausnahmegenehmigungen erteilt werden.**

Orientierungswissen 1: Mensch und Tier als Schöpfung

Wir lernen in unserem Leben meist schon als Kinder den Umgang mit anderen Lebewesen, den Tieren. Wir lernen im ganz alltäglichen Umgang mit Tieren den Respekt vor ihnen. Die moderne Biologie zeigt darüber hinaus immer deutlicher, wie verschwommen die Grenzen zwischen Mensch und Tier sind. Dies fordert unser Nachdenken darüber heraus, was das Besondere der Menschen ausmacht.

← **ORIENTIERUNG FÜR MEIN LEBEN**

Das Nachdenken über Gemeinsamkeiten und Unterschiede zwischen Mensch und Tier fordert uns dazu heraus, in unserem Handeln Natur, Welt und Mensch als gemeinsame Schöpfung wahrzunehmen. Dies fordert unser Engagement überall dort, wo Menschen die Schöpfung ausbeuten, wo beispielsweise Tiere nicht als Geschöpfe, sondern als „Material" angesehen werden.

← **ORIENTIERUNG FÜR MEIN HANDELN**

In der jüdisch-christlichen Tradition steht die Hochachtung vor der Schöpfung Gottes an einer zentralen Stelle. Tiere sind Geschöpfe Gottes, die Natur ist von Gott gewollt und geschaffen – diese Grundeinsicht lehrt Christinnen und Christen den Respekt vor der Schöpfung als Gabe. Gleichzeitig betont der christliche Glaube die besondere Stellung des Menschen. Diese darf er aber nicht ausnützen, sondern muss sie einsetzen für die Bewahrung der Welt. Christliches Handeln ist immer auch ein Handeln, das in die Zukunft schaut. Nicht kurzfristige Ausbeutung der Natur, sondern nachhaltiges Handeln sind die wichtigste Leitperspektive aus dem Glauben.

← **ORIENTIERUNG FÜR MEINEN GLAUBEN**

TINA UND PAUL

PAUL: *Glaubst du, dass Gott die Welt in ein paar Tagen gemacht hat?*

TINA: *Das weiß ich nicht – so steht es halt in der Bibel.*

PAUL: *Ja, aber glaubst du, dass es wirklich so war, dass er dann am Schluss Erde genommen hat, Adam gemacht hat, dann aus einer Rippe von Adam noch Eva gemacht hat?*

TINA: *Das kann ich mir so nicht vorstellen. Das sind einfach Geschichten, wie die Menschen sich das vorgestellt haben, das sind ja nicht unbedingt wissenschaftliche Aussagen. Das wäre ja auch ziemlich schnell, so in sieben Tagen, die ganze Erde und die Menschen.*

PAUL: *Und die Sterne …*

TINA: *Wenn er das tatsächlich in sieben Tagen geschafft hat, hätte er es ja auch an einem schaffen können oder in einer Stunde oder in einer Millisekunde.*

PAUL: *Ich glaube nicht, dass die Zeit da eine Rolle spielt. Gott hätte es in jeder Zeit schaffen können.*

TINA: *Da gibt es ja auch den Streit, ob das genau so war wie in der Bibel oder ob das alles durch Evolution entstanden ist.*

PAUL: *Den Streit verstehe ich nicht – es kann doch eigentlich beides sein.*

TINA: *Das verstehe ich jetzt nicht.*

PAUL: *Vielleicht hat Gott in einer Millisekunde oder noch weniger das alles angeregt und dann hat es sich frei weiterentwickelt – mit der Evolution.*

TINA: *Eigentlich ist es mir egal. Ich bin auf der Welt, du bist auf der Welt und nachher schreiben wir Mathe!*

PROJEKTIDEE

Recherchieren Sie zusammen mit dem Deutsch- und Geschichtsunterricht die Merkmale und Gemeinsamkeiten der unterschiedlichen Schöpfungsmythen. Nutzen Sie dabei u. a. seriöse Internetquellen.
Gestalten Sie ein Plakat, das den Inhalt der Mythen bildlich und sprachlich wiedergibt. Heben Sie dabei die Gemeinsamkeiten und Unterschiede der Mythen hervor.

Allah, Schöpfer von Himmel und Erde

Da ist Allah, euer Herr. Es gibt keinen Gott außer ihm, dem Schöpfer aller Dinge. Er ist Sachwalter über alle Dinge. Die Blicke erreichen ihn nicht. Er aber erreicht die Blicke (Sure 6,102-103).
Erschaffen hat er die Himmel und die Erde (30,8).
Er lässt die Nacht in den Tag übergehen und den Tag in die Nacht. Und er hat dienstbar gemacht die Sonne und den Mond. Jedes eilt zu seinem bestimmten Ziel (35,13).
Er ist es, der den Himmel und die Erde in sechs Tagen schuf. Ihm gehört das Reich der Himmel und der Erde. Zu ihm kehren alle Dinge zurück (57,4-5)
Er hat alles gut geschaffen. Zuerst erschuf er den Menschen aus Ton. Er formte ihn und blies ihm von seinem Geist ein. Und er machte ihm Gehör, Augenlicht und Herz (32,7.9).
Und es gehört zu seinen Zeichen, dass er aus euch selbst Gattenwesen erschaffen hat, damit ihr bei ihnen wohnt. Und er hat Liebe und Barmherzigkeit zwischen euch gemacht. Zu seinen Zeichen gehört auch die Verschiedenheit eurer Sprachen und Arten. Und zu seinen Zeichen gehört auch euer Schlaf und euer Streben (30,21-23).
Allah ist es, der die Winde sendet und die Wolken aufrührt. Er breitet sie aus am Himmel, wie er will. Und er zerreißt sie. Dann siehst du den Regen aus ihrer Mitte hervorbrechen. Und er trifft damit von seinen Dienern, wen immer er will. Und sie freuen sich (30,48).
Allah ist es, der euch die Nacht zur Ruhe eingesetzt hat und den Tag zum Licht. Denn Allah ist allgütig gegen die Menschen. Allah ist es, der euch die Erde zum festen Grund und den Himmel als Dach gegeben hat, der euch geformt, und zwar schön geformt hat, und der euch speist mit köstlichen Dingen. Er ist es, der euch aus einem Samentropfen kommen lässt, der euch wachsen lässt im Leib der Mutter. Dann lässt er euch als Kind herauskommen. Dann lässt er euch die Zeit der vollen Kraft erreichen. Und dann lässt er euch alt werden. Allah gibt Leben und Tod. Und wenn er eine Sache beschlossen hat, dann sagt er nur: „Werde!“ – und sie ist (40,61.63.67-68).
Allah erschafft, was er will. Und er ist der, der alles weiß und allmächtig ist (30,54).
Er ist es, der die Schöpfung am Anfang macht und sie dann wiederholt (30,27).
Allah ist der Schöpfer, der Bildner und Gestalter. Ihm gebühren die höchsten Namen. Ihn preist, was in den Himmeln und auf Erden ist. Er ist der Allmächtige und Allweise (59,24).

Allah, der muslimische Schöpfergott, darf bildlich nicht dargestellt werden. Sein Name ist hier in kalligrafischen Schriftzeichen gezeichnet.

- Welche Eigenschaften werden Allah zugeordnet?
- Vergleichen Sie den Text mit Gen 1,1 – 2,4a.

TIPP
Besuchen Sie eine Moschee und sprechen Sie mit dem Imam über die Schöpfungsvorstellungen im Koran (und in der Bibel).

Schöpfungserzählung – Genesis 1

Heinrich Campendonk, Der sechste Tag, 1914

AUS DEM BUCH Genesis
1,1 Im Anfang schuf Gott Himmel und Erde;
1,2 die Erde aber war wüst und wirr, Finsternis lag über der Urflut,
und Gottes Geist schwebte über dem Wasser.
1,3 Gott sprach: Es werde Licht. Und es wurde Licht.
1,4 Gott sah, dass das Licht gut war. Gott schied das Licht von der
Finsternis,
1,5 und Gott nannte das Licht Tag, und die Finsternis nannte er Nacht.
Es wurde Abend, und es wurde Morgen, erster Tag.
1,6 Dann sprach Gott: Ein Gewölbe entstehe mitten im Wasser und
scheide Wasser von Wasser.
1,7 Gott machte also das Gewölbe und schied das Wasser unterhalb
des Gewölbes vom Wasser oberhalb des Gewölbes. So geschah es,
1,8 und Gott nannte das Gewölbe Himmel. Es wurde Abend, und es
wurde Morgen, zweiter Tag.
1,9 Dann sprach Gott: Das Wasser unterhalb des Himmels sammle sich
an einem Ort, damit das Trockene sichtbar werde. So geschah es.
1,10 Das Trockene nannte Gott Land, und das angesammelte Wasser
nannte er Meer. Gott sah, dass es gut war.
1,11 Dann sprach Gott: Das Land lasse junges Grün wachsen, alle
Arten von Pflanzen, die Samen tragen, und von Bäumen, die auf der
Erde Früchte bringen mit ihrem Samen darin. So geschah es.
1,12 Das Land brachte junges Grün hervor, alle Arten von Pflanzen, die
Samen tragen, alle Arten von Bäumen, die Früchte bringen mit ihrem
Samen darin. Gott sah, dass es gut war.
1,13 Es wurde Abend, und es wurde Morgen, dritter Tag.
1,14 Dann sprach Gott: Lichter sollen am Himmelsgewölbe sein,
um Tag und Nacht zu scheiden.
Sie sollen Zeichen sein und zur Bestimmung von Festzeiten, von Tagen
und Jahren dienen;
1,15 sie sollen Lichter am Himmelsgewölbe sein, die über die Erde hin
leuchten. So geschah es.
1,16 Gott machte die beiden großen Lichter, das größere,
das über den Tag herrscht, das kleinere, das über die Nacht herrscht,
auch die Sterne.
1,17 Gott setzte die Lichter an das Himmelsgewölbe, damit sie über die
Erde hin leuchten,
1,18 über Tag und Nacht herrschen und das Licht von der Finsternis
scheiden. Gott sah, dass es gut war.
1,19 Es wurde Abend, und es wurde Morgen, vierter Tag.

TIPP
Gestalten Sie die beiden Schöpfungstexte (Genesis 1 und Genesis 2) gruppenteilig in Ton. Stellen Sie die Objekte in Ausbildungsbetrieben aus.

1:20 Dann sprach Gott: Das Wasser wimmle von lebendigen Wesen, und Vögel sollen über dem Land am Himmelsgewölbe dahinfliegen.
1:21 Gott schuf alle Arten von großen Seetieren und anderen Lebewesen, von denen das Wasser wimmelt, und alle Arten von gefiederten Vögeln. Gott sah, dass es gut war.
1:22 Gott segnete sie und sprach: Seid fruchtbar und vermehrt euch und bevölkert das Wasser im Meer, und die Vögel sollen sich auf dem Land vermehren.
1:23 Es wurde Abend, und es wurde Morgen, fünfter Tag.
1:24 Dann sprach Gott: Das Land bringe alle Arten von lebendigen Wesen hervor, von Vieh, von Kriechtieren und von Tieren des Feldes. So geschah es.
1:25 Gott machte alle Arten von Tieren des Feldes, alle Arten von Vieh und alle Arten von Kriechtieren auf dem Erdboden.
Gott sah, dass es gut war.
1:26 Dann sprach Gott: Lasst uns Menschen machen als unser Abbild, uns ähnlich. Sie sollen herrschen über die Fische des Meeres, über die Vögel des Himmels, über das Vieh, über die ganze Erde und über alle Kriechtiere auf dem Land.
1:27 Gott schuf also den Menschen als sein Abbild; als Abbild Gottes schuf er ihn. Als Mann und Frau schuf er sie.
1:28 Gott segnete sie, und Gott sprach zu ihnen: Seid fruchtbar und vermehrt euch, bevölkert die Erde, unterwerft sie euch und herrscht über die Fische des Meeres, über die Vögel des Himmels und über alle Tiere, die sich auf dem Land regen.
1:29 Dann sprach Gott: Hiermit übergebe ich euch alle Pflanzen auf der ganzen Erde, die Samen tragen, und alle Bäume mit samenhaltigen Früchten. Euch sollen sie zur Nahrung dienen.
1:30 Allen Tieren des Feldes, allen Vögeln des Himmels und allem, was sich auf der Erde regt, was Lebensatem in sich hat, gebe ich alle grünen Pflanzen zur Nahrung. So geschah es.
1:31 Gott sah alles an, was er gemacht hatte, Es war sehr gut.
Es wurde Abend, und es wurde Morgen, der sechste Tag.
2:1 So wurden Himmel und Erde vollendet und ihr ganzes Gefüge.
2:2 Am siebten Tag vollendete Gott das Werk, das er geschaffen hatte, und er ruhte am siebten Tag, nachdem er sein ganzes Werk vollbracht hatte.
2:3 Und Gott segnete den siebten Tag und erklärte ihn für heilig; denn an ihm ruhte Gott, nachdem er das ganze Werk der Schöpfung vollendet hatte.

▶ Die beiden Genesis-Texte wollen nicht erklären, wie die Welt tatsächlich entstanden ist, sondern sie zeigen auf, dass Gott der Ursprung der Schöpfung ist. Pflanzen, Tiere, Menschen und das ganze Universum sind Bestandteile dieser Schöpfung, die qualitativ gut ist. Die Welt ist von Gott gewollt, und die Menschen besitzt schöpferisches Potenzial, die Erde positiv zu gestalten; denn sie sind nach dem Ebenbild Gottes geschaffen.

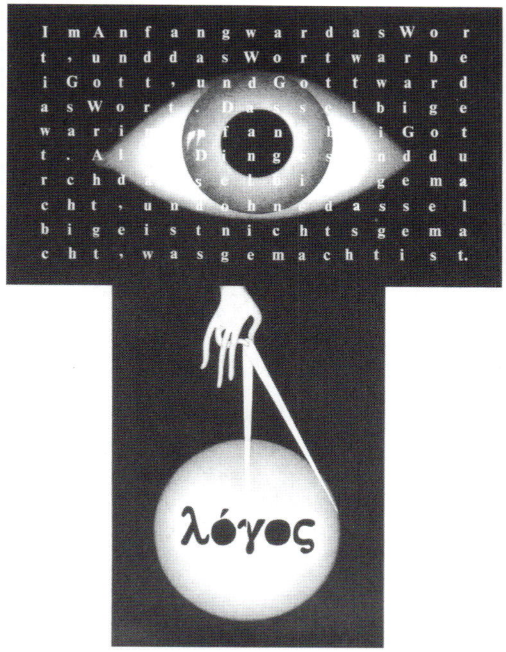

Rune Mields, Genesis: Johannes 1, 1992/96

- Ist der Genesis-Text als naturwissenschaftliches Modell für die Entstehung der Erde zu verstehen? Welche inhaltlichen und formalen Aspekte sprechen dagegen?
- Welche Schöpfungsvorstellung steckt hinter den Bildern von Heinrich Campendonk und Rune Mields?
- Erarbeiten Sie Unterschiede und Parallelen zum muslimischen Schöpfungstext.

Schöpfungserzählung – Genesis 2

Niki de Saint Phalle, Adam und Eva, o. J.

Sieger Köder, Schöpfung, o. J.

- Vergleichen Sie diese beiden künstlerischen Deutungen des Adam-und-Eva-Motivs mit der auf S. 37.

2:7 Da formte Gott, der Herr, den Menschen aus Erde vom Ackerboden
und blies in seine Nase den Lebensatem. So wurde der Mensch zu
einem lebendigen Wesen.
2:8 Dann legte Gott, der Herr, in Eden, im Osten, einen Garten an
und setzte dorthin den Menschen, den er geformt hatte.
2:9 Gott, der Herr, ließ aus dem Ackerboden allerlei Bäume wachsen,
verlockend anzusehen und mit köstlichen Früchten, in der Mitte des
Gartens aber den Baum des Lebens und den Baum der Erkenntnis
von Gut und Böse.
2:15 Gott, der Herr, nahm also den Menschen und setzte ihn in den
Garten von Eden, damit er ihn bebaue und hüte.
2:16 Dann gebot Gott, der Herr, dem Menschen: Von allen Bäumen
des Gartens darfst du essen,
2:17 doch vom Baum der Erkenntnis von Gut und Böse darfst du nicht
essen; denn sobald du davon isst, wirst du sterben.
2:18 Dann sprach Gott, der Herr: Es ist nicht gut, dass der Mensch
allein bleibt. Ich will ihm eine Hilfe machen, die ihm entspricht.
2:19 Gott, der Herr, formte aus dem Ackerboden alle Tiere des Feldes
und alle Vögel des Himmels und führte sie dem Menschen zu,
um zu sehen, wie er sie benennen würde. Und wie der Mensch jedes
lebendige Wesen benannte, so sollte es heißen.
2:20 Der Mensch gab Namen allem Vieh, den Vögeln des Himmels und
allen Tieren des Feldes. Aber eine Hilfe, die dem Menschen entsprach,
fand er nicht.
2:21 Da ließ Gott, der Herr, einen tiefen Schlaf auf den Menschen
fallen, sodass er einschlief, nahm eine seiner Rippen und verschloss
ihre Stelle mit Fleisch.
2:22 Gott, der Herr, baute aus der Rippe, die er vom Menschen
genommen hatte, eine Frau und führte sie dem Menschen zu.
2:23 Und der Mensch sprach: Das endlich ist Bein von meinem Bein
und Fleisch von meinem Fleisch. Frau soll sie heißen; denn vom Mann
ist sie genommen.
2:24 Darum verlässt der Mann Vater und Mutter und bindet sich an
seine Frau, und sie werden ein Fleisch.
2:25 Beide, Adam und seine Frau, waren nackt, aber sie schämten sich
nicht voreinander.

▶ Der Text Gen 2 ist ungefähr 400 Jahre früher (ca. 950 v. Chr.) als Gen 1 entstanden. Gott wird wie ein Arbeiter dargestellt: Er formt die Menschen wie ein Töpfer aus Erde, er bepflanzt den Garten Eden wie ein Gärtner. In diesen paradiesischen Garten pflanzt Gott auch einen Baum, der für die Menschen verboten ist. Die Frau wird als Gegenüber zum Mann aus der Mitte des Mannes (weder aus Fuß noch Kopf) geschaffen.

Höhepunkt der Schöpfung

DER SONNTAG ALS TAG DES HERRN

Die Israeliten kannten seit langem eine Woche mit sieben Tagen, deren letzter, der Samstag oder Sabbat, ein der Ruhe gewidmeter Festtag war – eine Erinnerung an Gottes Ruhetag als Höhepunkt der Erschaffung der Welt. Zur Zeit Jesu war der Sabbat dem hebräischen Jahwe geweiht. Er wurde in hohen Ehren gehalten und war von Bestimmungen darüber, was man an diesem Tag tun durfte und was nicht, gesichert. Es war eben ein wichtiges Kennzeichen des Judentums, „den Sabbat zu heiligen".
Nach Jesu Tod behielten seine Nachfolger die jüdische Siebentagewoche zunächst bei. Aber gegen Ende der Apostelzeit, also gegen Ende des ersten Jahrhunderts als die Zahl der Nichtjuden innerhalb der Jesusbewegung die der Juden zu übersteigen begann, machten die Christen den ersten Tag der Woche, den Sonntag, zu ihrem heiligen Tag. Dann versammelten sie sich zum Gottesdienst.
Als „Tag des Herrn" wurde der Sonntag zu einem Symbol, mit dem sich die Christen von den Juden absetzten. Als das Christentum in den ersten Jahrzehnten des vierten Jahrhunderts zur Staatsreligion im Römischen Reich wurde, löste der Tag des Herrn in seiner Bedeutung den Sabbat ab, dessen Feier die Christen fortan ganz den Juden überließen. Jeder Sonntag gilt als eine wöchentlich wiederkehrende Feier des österlichen Mysteriums von Christi Auferstehung, mit anderen Worten als eine Art Mini-Ostern.
Der Ursprung des Wortes Sonntag ergibt sich aus seiner lateinischen Herkunft: Der *dies solis*, wörtlich „Tag der Sonne", war dem römischen Sonnengott gewidmet.

AUS DEM BUCH Genesis
2:3 Und Gott segnete den siebten Tag und erklärte ihn für heilig; denn an ihm ruhte Gott, nachdem er das ganze Werk der Schöpfung vollendet hatte.

- Was würden Sie am Sonntag nie tun?

REDEWENDUNGEN

Ich will nur meine Ruhe haben.
In den Ruhestand gehen
Sich durch nichts aus der Ruhe bringen lassen
Ruhe in Frieden!
Lass mich endlich in Ruhe!

In der Kirche ist es immer so schön ruhig.

Marc, 17 Jahre

Der Sinn des Sonntags

- Vervollständigen Sie den Satzanfang „Am Sonntag …“. Gestalten Sie aus Ihren Sätzen ein Mobile.
- Nehmen Sie Stellung zur Glosse „Immer wieder Sonntags ...“.
- Machen Sie Vorschläge für eine alternative Sonntagsgestaltung. Probieren Sie sie aus und berichten Sie sich davon.

TIPP

Starten Sie eine Aktion mit dem Motto „Gönn dir eine Stunde Gott“.
Laden Sie Freunde zu einem gemeinsamen Gottesdienstbesuch ein.

RAUM FÜR RUHE, AUFATMEN, FREUDE

Im Gemeinsamen Wort der Kirchen „Für eine Zukunft in Solidarität und Gerechtigkeit“ wird der Wert des Sonntags unterstrichen: „Ein unersetzliches Gut der Sozialkultur ist der Sonntag. Der Schutz des Sonntags ist immer mehr dadurch bedroht, dass ihm ökonomische Interessen vorgeordnet werden. Der Sonntag muss geschützt bleiben. Als Tag des Herrn hat er einen zentralen religiösen Inhalt. Er ist auch gemeinsame Zeit der Familie, der Freunde und Nachbarn und damit ein wichtiges kulturelles Gut, das nicht zur Disposition gestellt werden darf.“
1990 hat die Evangelische Kirche im Rheinland eine Erklärung zur „Samstags- und Sonntagsarbeit“ veröffentlicht. Darin hieß es: „Der Sonntag ist konkretes Zeichen für das Handeln Gottes am ganzen Volk, indem mitten in der Welt ein Raum für Ruhe, Feier und Gottesdienst ausgespart wird. Arbeitsruhe ist befreites Aufatmen und Aufnahme der Freude an Gottes Schöpfung.“ „Einheitliche Zeitordnung bedeutet für Menschen Hilfe und Orientierung im Alltag. Sie ist Ausdruck von Wertsetzungen. Die Gliederung in Wochentage ermöglicht und erleichtert die Planung und Ordnung des Lebens in kleinen Abschnitten. Der Sonntag als Tag der Auferstehung des Herrn ist, wie er von Christen verstanden wird, in besonderer Weise dazu geeignet, die Bedeutung der Ruhe und der Besinnung für den Menschen hervorzuheben: Es ist lebensnotwendig, freie Zeit zu haben für sich und andere, ebenso wie für Tätigkeiten, die nicht der Sicherung des Lebensunterhaltes dienen.“

Die Ruhe bewahren. Initiative für den Sonntag aus der Evangelischen Kirche

IMMER WIEDER SONNTAGS ...

Das wird ja immer schlimmer, nicht mal mehr am Sonntag hat man seine Ruhe, „Tag der offenen Tür“ hier und dort. „Verkaufsoffener Sonntag“. „In unserem Autohaus werden Sie auch am Sonntag beraten“. Und dann stehen die Leute tatsächlich in irgendwelchen Auto-, Möbel- oder Modehäusern herum, beglotzen das, was sie sich sowieso nicht mehr leisten können, ziehen hordenweise an Konsumgütern vorbei, die sie kaum brauchen. Übelgelaunte, da sonntagsberatende Damen und Herren preisen geizgeile Schnäppchen an. Dann gibt es für die quengelnden Kinder Currywurst, Kebap oder Gummipizza. Danach noch an der Tankstelle vorbei – klasse Rotwein aus dem Karton holen. Dann vor der Glotze ausruhen, war ganz schön stressig, dieser Sonntag.

▶ **Am Sonntag und an den anderen gebotenen Feiertagen sollen die Gläubigen keine Arbeiten oder Tätigkeiten ausüben, die die schuldige Gottesverehrung, die Freude am Tag des Herrn, das Verrichten von Werken der Barmherzigkeit und die angemessene Erholung von Geist und Körper verhindern. Familienpflichten oder wichtige soziale Aufgaben entschuldigen rechtmäßig davon, das Gebot der Sonntagsruhe einzuhalten.**

Orientierungswissen 2: Schöpfungsmythen

Überall, wo Menschen leben, und zu allen Zeiten haben sie sich Gedanken darüber gemacht, woher die Welt und woher das eigene Leben stammen und wem sie das zu verdanken haben. Der Mensch ist auch deshalb Mensch, weil er diese Fragen stellen kann: Woher komme ich und wohin werde ich gehen? Die Schöpfungsmythen, aber auch die Schöpfungserzählungen der Bibel wollen in poetischer Form den Glauben daran festhalten, dass der Mensch nicht zufällig existiert, sondern dass er getragen ist von einem Willen und einem Sinn. Dies kann ein guter Anlass sein, um mit verschiedenen Religionen und Glaubensrichtungen, aber auch mit Meinungen ins Gespräch zu kommen, die das ganze Leben für einen großen Zufall halten.

← **ORIENTIERUNG FÜR MEIN LEBEN**

Das menschliche Leben erhält eine besondere Bedeutung, wenn wir daran festhalten, dass wir und dass die ganze Welt nicht das Produkt blinden Zufalls ist. Ich bin als Mensch gewollt – diese Grundüberzeugung hilft auch, Krisen und Brüche im Leben besser zu bewältigen. Der Glaube daran, dass die Schöpfung einen Grund und ein Ziel hat bedeutet aber auch eine erhöhte Verantwortung: Ich werde auch danach gefragt werden, was ich mit meinem Leben, was ich mit meinen Mitmenschen und der ganzen Schöpfung gemacht habe.

← **ORIENTIERUNG FÜR MEIN HANDELN**

Oftmals werden heute biblische Schöpfungserzählung und der wissenschaftliche Glaube als Gegensätze dargestellt. Christen wissen aber sehr wohl, dass die biblische Schöpfungserzählungen keine Zeitungsberichte sein wollen: Sie wollen festhalten, dass die Welt kein Produkt des Zufalls ist, sondern von Gott getragen und gehalten ist.

← **ORIENTIERUNG FÜR MEINEN GLAUBEN**

TINA UND PAUL

PAUL: *Ich glaube nicht, dass der Mensch vom Affen abstammt!*

TINA: *Da wäre ich mir bei dir aber nicht sicher.*

PAUL: *Jetzt mal im Ernst, wie soll das funktionieren, wann hat ein Affenweibchen das erste Mal einen Menschen geboren? Und der Vater, wer war das?*

TINA: *Wenn, dann hat sich das ganz langsam entwickelt über Jahrmillionen …*

PAUL: *Schon, aber wann war der erste Mensch?*

TINA: *Das weiß ich doch nicht, das ging vielleicht ganz langsam.*

PAUL: *Da find ich die Bibel eigentlich ganz gut, Gott hat es einfach in ein paar Tagen gemacht.*

TINA: *Das ist ja eine ganz andere Baustelle, das sind doch keine wissenschaftlichen Berichte.*

PAUL: *Es gibt aber Leute, die sagen, die Erde ist nur ein paar Tausend Jahre alt, und genau so, wie es in der Bibel steht, ist es auch tatsächlich passiert.*

TINA: *So ein Blödsinn … und was ist mit den Jahrmillionen alten Fossilien?*

PAUL: *Die sagen einfach, da haben sich die Forscher verrechnet, Dinos hat es erst vor kurzem noch gegeben …*

TINA: *Das glaub ich ja nicht …*

PAUL: *Ich weiß auch nicht mehr, was ich glauben soll.*

TINA: *Gibt es auch Wissenschaftler, die an Gott glauben?*

PAUL: *Bestimmt – so einen müsste man fragen.*

TINA: *Oder einen Theologen, der auch die Evolution akzeptiert.*

PROJEKTIDEE

Behandeln Sie das Thema „Gott oder Evolution?“ in Zusammenarbeit mit naturwissenschaftlichen Unterrichtszweigen. Erörtern Sie dabei unterschiedliche, in der Geschichte wechselnde Weltbilder. Auch Ihr Menschenbild wird in die Projektarbeit einfließen.

Stellen Sie in diesem Projekt vor allem die unterschiedlichen Ansätze – vom Kreationismus bis zur absoluten Wissenschaftsgläubigkeit ohne Gott – kritisch dar.

Eine Möglichkeit besteht darin, über kurze multimediale Präsentationen die derzeitige Diskussion im Rahmen fächerverbindenden Unterrichts Ihren MitschülerInnen anschaulich zu machen.

Das moderne Weltbild – Die Evolution

DIE ENTWICKLUNG DER MENSCHHEIT

Einst haben die Kerls auf den Bäumen gehockt,
behaart und mit böser Visage.
Dann hat man sie aus dem Urwald gelockt
und die Welt asphaltiert und aufgestockt
bis zur dreißigsten Etage.

Da saßen sie nun, den Flöhen entflohn,
in zentralgeheizten Räumen.
Da sitzen sie nun am Telefon.
Und es herrscht noch genau derselbe Ton
wie seinerzeit auf den Bäumen.

Sie hören weit. Sie sehen fern.
Sie sind mit dem Weltall in Fühlung.
Sie putzen die Zähne. Sie atmen modern.
Die Erde ist ein gebildeter Stern
mit sehr viel Wasserspülung.

Sie schießen die Briefschaften durch ein Rohr.
Sie jagen und züchten Mikroben.
Sie versehn die Natur mit allem Komfort.
Sie fliegen steil in den Himmel empor
und bleiben zwei Wochen oben.

Was ihre Verdauung übriglässt,
das verarbeiten sie zu Watte.
Sie spalten Atome. Sie heilen Inzest.
Und sie stellen durch Stiluntersuchungen fest,
dass Cäsar Plattfüße hatte.

So haben sie mit dem Kopf und dem Mund
den Fortschritt der Menschheit geschaffen.
Davon mal abgesehen und
bei Lichte betrachtet sind sie im Grund
noch immer die alten Affen.

Erich Kästner

- In welchen Schritten vollzieht sich im Gedicht von Erich Kästner die Entwicklung der Menschheit?
- Welche Einstellung des Dichters zu dieser Entwicklung lässt sich herauslesen?

TIPP
Gestalten Sie im Unterricht ein kritisches Evolutionsplakat. Vielleicht sind an Ihrer Entwicklungsgeschichte auch Frauen beteiligt?
Stellen Sie das Plakat im Foyer Ihrer Schule aus.

► Was ist eine Satire? Eine Satire ist eine spöttische, freche, kritische Darstellung menschlicher Schwächen und Widersprüche. Auch gesellschaftliche und politische Missstände werden in Satiren thematisiert. Die Satire arbeitet mit Wortwitz und Übertreibungen.

Evolution und Bibel

AUSSAGEN DER BIBEL

Im Anfang schuf Gott Himmel und Erde;
die Erde aber war wüst und wirr,
Finsternis lag über der Urflut.

Dann sprach Gott: Das Land lasse junges Grün wachsen,
alle Arten von Pflanzen.

Dann sprach Gott: Das Wasser wimmle von lebendigen Wesen, und Vögel sollen über dem Land am Himmelsgewölbe dahinfliegen. Gott schuf alle Arten von großen Seetieren und anderen Lebewesen. Das Land bringe alle Arten von lebendigen Wesen hervor.

Dann sprach Gott: Lasst uns Menschen machen als unser Abbild, uns ähnlich.

- Welche Theorie steckt hinter der Grafik?
- Gestalten Sie ein Poster „Die Erschaffung der Welt“ nach Genesis 1,1 – 2,4, indem Sie die Entwicklungsstufen von der Finsternis bis zum Ruhen als Höhepunkt der Schöpfung darstellen.

Viele Naturwissenschaftler sehen den Beginn des Kosmos in einem Urknall vor ca. 15 Milliarden Jahren. Seither dehnt sich das Weltall aus. Eine weitere wissenschaftliche Theorie geht davon aus, dass sich Materie in immer komplizierteren Formen weiterentwickelt: Aus Atomen werden Moleküle, aus Molekülen Zellen, aus Zellen entwickeln sich Zellverbände, es entstehen Pflanzen, Tiere und der Mensch.

Die Evolution der Menschen

Vor knapp sieben Millionen Jahren begann in Afrika die Erfolgsgeschichte der Menschen. Affenähnliche Wesen erhoben sich auf zwei Beine. Mit vielen, vielen Zwischenstufen wurde daraus der heutige Mensch. Und der eroberte bald fast den gesamten Erdball.

Sanft rauschen die Wellen des Meeres gegen den Strand, als sich die kleine Gruppe morgens von ihrem Lager erhebt. Ohne Hast sammeln die schmächtigen Männer und Frauen, was sie für ihr Frühstück brauchen: ein paar Muscheln aus dem See, Früchte von Bäumen. Noch steht die Sonne tief, als der Anführer das Zeichen zum Aufbruch gibt. Los!
Es sind nur wenige Menschen, die an diesem Tag vor 100 000 Jahren loswandern und in Richtung Asien ziehen. Vielleicht 20 Männer, Frauen und Kinder. Was sie antreibt, kann man nur vermuten: Ist es die Suche nach Nahrung? Oder ein Streit mit anderen Clans? Vielleicht sind sie auch einfach neugierig, einmal eine neue Gegend zu erkunden. Fest steht: Zum ersten Mal verlässt der „moderne Mensch" seine Heimat Afrika. Menschen, die bereits ähnlich aussehen wie wir heute, machen sich auf, die Welt zu entdecken.

BIS ZU DIESEM AUFBRUCH IST ES EIN WEITER WEG GEWESEN

Wann begann die Geschichte der Menschen? Das ist noch unbekannt. Sicher ist, dass unsere frühen Ahnen in Afrika lebten und gemeinsame Vorfahren mit den Affen hatten.
Die ältesten menschlichen Schädel, die Forscher bislang entdeckt haben, sind rund sieben Millionen Jahre alt und wurden im Tschad, in Zentralafrika, gefunden. Die Schädelknochen lassen ein kleines Gehirn vermuten, ganz wie bei einem Schimpansen, doch sind die Eckzähne schon deutlich kürzer. Und in dem ebenen Gesicht fehlt der vorspringende Mund.

- Schreiben Sie zu der Sicht der Evolutionsgeschichte in der Karikatur eine Satire. Die letzten Worte sollen sein: „I love you!"
- Schlagen Sie im Lexikon nach, was Evolution bedeutet.

Die erste Frau „Lucy": Diese Computerdarstellung entstand 2002 aus Ergebnissen der Paläontologie und Methoden der Kriminalistik.

Evolution auf Indisch

AUS DEM EVANGELIUM NACH Matthäus
19:17 Jesus antwortete: Was fragst du mich nach dem Guten? Nur einer ist „der Gute“. Wenn du aber das Leben erlangen willst, halte die Gebote!
19:18 Darauf fragte er ihn: Welche? Jesus antwortete: Du sollst nicht töten, du sollst nicht die Ehe brechen, du sollst nicht stehlen, du sollst nicht falsch aussagen;
19:19 ehre Vater und Mutter! Und: Du sollst deinen Nächsten lieben wie dich selbst!

ZEHN MILLIONEN MÄDCHEN ABGETRIEBEN

Zehn Millionen weibliche Föten sind in den vergangenen 20 Jahren in Indien wegen ihres Geschlechts abgetrieben worden. Dies legt die Studie eines Teams um Prabhat Jha vom Centre for Global Health Research in Kanada nahe, die in der aktuellen Online-Ausgabe des Magazins Lancet veröffentlicht wurde. Die Wissenschaftler hatten Daten zu 133 738 Geburten des Jahres 1997 ausgewertet. Sie berechneten, wie viele Mädchen theoretisch hätten geboren werden müssen und wie viele es praktisch waren. Es fehlte eine halbe Million weiblicher Geburten. „Wir schätzen, dass die vorgeburtliche Geschlechtsbestimmung und die darauffolgende selektive Abtreibung jedes Jahr für eine halbe Million fehlender Mädchengeburten verantwortlich ist“, sagt Prabhat Jha. Obwohl sie seit 1994 in Indien verboten ist, nutzen vor allem besser gestellte Familien diese Form der Familiengestaltung. Dabei beeinflusst das Geschlecht des ersten Kindes die Lebenschancen, die die Eltern den weiteren Kindern geben. In Familien, in denen als erstes Kind kein Sohn geboren wurde, stehen die Chancen eines weiblichen Fötus schlecht. Nur Söhne gelten in Indien als Alterssicherung.

„... aber eine Kuh darf man nicht überfahren!“

Carina, 18 Jahre

„Liebe deine Nächste wie dich selbst!“

- Wie wird das Abtreiben weiblicher Föten begründet?
- Diskutieren Sie, welche gesellschaftlichen Veränderungen sich aus dieser Praxis ergeben.
- Formulieren Sie ein spezielles Verbot dieser indischen Abtreibungspraxis, in dem auch die Begründung des Verbots enthalten ist.
- Auch in Deutschland werden Ungeborene abgetrieben. Welche Motive kennen Sie?

TIPP
Recherchieren Sie im Internet zu dieser Abtreibungs-Problematik. Stellen Sie die Ergebnisse dieser Recherche und Ihre Diskussionsbeiträge (thesenartig) in einer Wandzeitung aus.

Evolution und Kritik

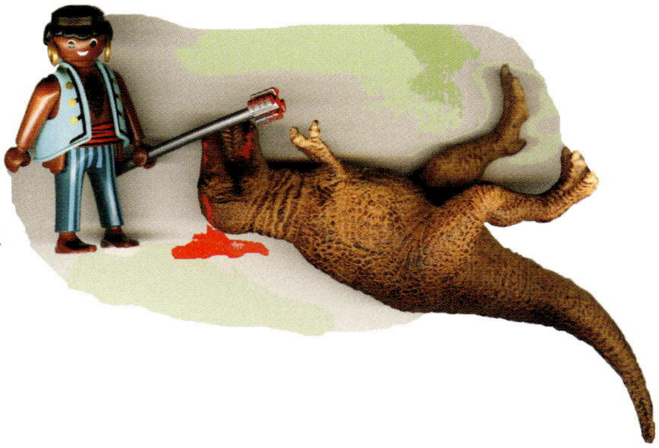

DEM CHRISTLICHEN ANTI-DARWINISMUS AUF DER SPUR

Kreationisten gelten häufig als fundamentalistische Fanatiker oder verbohrte Hinterwäldler, die nach wie vor einen Krieg gegen die Evolutionslehre führen, obwohl dieser längst verloren ist. Anders als in den USA begegnet man ihnen hierzulande eher selten. Der amerikanische Biologe Kenneth Miller, bekennender Christ und Darwinist, berichtet von einer solchen Begegnung anlässlich eines öffentlichen Streitgesprächs, zu dem er eingeladen worden war. Miller erschienen die Argumente seines kreationistischen Kontrahenten so dürftig, dass er sich gar nicht vorstellen konnte, jemand könne wirklich von diesem Unfug überzeugt sein. Ob sein Gegner nur vorgab, Kreationist zu sein? Schließlich wurden beide für ihre Vorträge bezahlt, und man kann auch vom Kreationismus ganz gut leben.

Am nächsten Morgen trafen sich die beiden zufällig beim Frühstück. Unverblümt fragte Miller seinen Kontrahenten, ob er denn wirklich all das Zeug glaube, das er am Vorabend von sich gegeben hatte. Zu seiner Überraschung musste Miller feststellen, dass er es tatsächlich mit einem aufrichtigen Kreationisten zu tun hatte. Ein letztes Mal versuchte er, ihm klar zu machen, dass das meiste von dem, was jener tags zuvor behauptet hatte, schlicht und ergreifend falsch sei. Daraufhin schaute ihm sein Gesprächspartner in die Augen und erklärte ihm, Miller sei noch jung, deshalb sei ihm auch nicht klar, was bei der ganzen Sache auf dem Spiel stehe. In einer so enorm wichtigen Angelegenheit dürfe die Wissenschaft nicht das letzte Wort haben. Die Heilige Schrift zeige uns die richtigen Schlussfolgerungen. Nach diesen Worten stand er auf und ließ Miller allein am Tisch zurück ...

Immer wieder wird (von Kreationisten) die endgültige Widerlegung des Darwinismus verkündet aufgrund angeblich wissenschaftlicher Beweise. Merkwürdigerweise legen Kreationisten eine erstaunliche Wissenschaftsgläubigkeit an den Tag, wenn sie gegen den Darwinismus ins Feld ziehen. Bislang gelang es jedoch nicht, die Indizien für den Darwinismus vom Tisch zu wischen. Daraus ergibt sich für Kreationisten das Problem, was Gott dazu bewogen haben könnte, eine Welt zu erschaffen, in der zwar der Darwinismus falsch, die Indizien für ihn aber überwältigend sind.

Armin Kreiner

▶ **Der Begriff Kreationismus stammt vom Lateinischen *„creare“* = „erschaffen“ . Kreationisten glauben, dass Schöpfungserzählungen in der Bibel (für Christen und Juden) und im Koran (für Muslime) Ereignisse beschreiben, die tatsächlich so stattgefunden haben. Daher glauben Kreationisten an eine junge Welt, die nicht durch Evolution, sondern so, wie im Genesistext beschrieben, entstanden ist. Der Kreationismus steht deshalb mit der Theorie der Evolution in Konflikt, da die Evolutionstheorie von einer Entwicklung der Arten durch Selektion ausgeht.**

- Recherchieren Sie im Glossar dieses Buches, in Lexika und im Internet zu den Begriffen „Kreationismus“ und „Darwinismus“. Geben Sie knappe Definitionen.
- In einem Rollenspiel „Darwinist im Gespräch mit einem Kreationisten“ stellen Sie die unterschiedlichen Positionen dar.

TIPP

Holen Sie Statements von Theologen (Religionslehrer/in, Pfarrer ...) und Naturwissenschaftlern (Biologielehrkraft ...) zu den Begriffen „Darwinismus“ und „Kreationismus“ ein.

LEBEN SUCHT SEINEN WEG

Ein Theologe und ein Paläontologe vertreten die Evolution. Und können trotzdem mit guten Gründen ihren Glauben bewahren.

Man redet mit Leidenschaft aneinander vorbei, behandelt die biblische Schöpfungsgeschichte wie einen Forschungsbericht und biologische Forschungen wie religionsphilosophische Erkenntnisse. Doch für das Gespräch über Naturwissenschaft und Religion braucht es mehr: ein Denken, das nicht gegeneinander ausspielt oder vermischt, wo unterschieden werden muss.

Bis vor etwa 350 Millionen Jahren gab es Wirbeltiere nur im Wasser, also Fischartige. Erst nachdem sich auf dem Land Pflanzen angesiedelt hatten, denen Würmer, Schnecken und Gliederfüßler gefolgt waren, lohnte es sich auch für Wirbeltiere, an Land zu gehen. Funde aus Grönland belegen Zwischenformen. Die Atmung wurde von Kiemen auf die Lunge umgestellt, was bei den Kaulquappen noch heute zu beobachten ist. Verblüffend ist, dass einige Landtiere zum Leben im Wasser zurückgingen. Man könnte glauben, es gäbe ein beliebiges Hin und Her. Aber gerade diese Fälle zeigen, wie sehr jede Tierart ihre Geschichte mit sich trägt. Die Lungenatmung der landlebenden Vorfahren musste beibehalten werden, obwohl Kiemen im Wasser viel praktischer wären. Wale, Seekühe und Robben haben zwar Flossen, die aber von den Beinen ihrer Ahnen vom Land abgeleitet und anders gebaut sind.

Darwin nahm an, dass die Grundvoraussetzungen für die Evolution Variabilität und Selektion sind. Veränderungen bieten der Selektion die Möglichkeit, jene Formen zu bevorzugen, die am besten angepasst sind. Diese Interpretation, nicht aber die Evolution selbst kann durchaus diskutiert werden. Aber diese Theorie ist bislang die, die das Evolutionsgeschehen am besten erklären kann. Die komplexen Zusammenhänge in der Natur, zwischen Blütenpflanzen und bestäubenden Tieren oder jene zwischen Parasiten und ihren Wirten, die uns immer wieder staunen lassen, sehen auf den ersten Blick nicht nach Zufall aus. Betrachtet man die zeitliche Tiefe der Erdgeschichte, dann können komplexe Strukturen schrittweise aus vielen aufeinanderfolgenden Schritten entstehen. Wie das Ergebnis aussieht, ist demnach eine Frage des Zeitpunktes der Betrachtung.

Hat der Vorgang der Evolution ein Ziel? Sicher ist nicht eine bestimmte Tier- oder Pflanzenart das Ziel, auch nicht der Mensch. Wahrscheinlich darf man als Ziel nur allgemein formulieren: In der Welt des Lebens werden alle Möglichkeiten ausprobiert.

Für den biblischen Glauben kann die Einsicht, dass der Mensch „Zufall“ ist, nur auf den ersten Blick ein Einwand sein. Denn die Bibel erzählt immer wieder davon, dass nicht das Besondere, Größte und Schönste, sondern das Kleine und Unscheinbare Gottes Wohlgefallen findet: Israel wird als das kleinste Volk erwählt (Dtn 7,7), und der Messias kommt aus der kleinen Stadt Betlehem (Micha 5,1). Der biblische Schöpfer ist kein „Designer des Schönen“, sondern der Liebhaber des Unbedeutenden ...

- Suchen Sie Belege für die Aussage „Gott ist kein Designer des ausschließlich Schönen, sondern auch Liebhaber des Unscheinbaren und Unbedeutenden.“

TIPP
Fotografieren Sie das Unscheinbare, das weniger Schöne der Schöpfung, drucken Sie die Bilder aus und gestalten Sie eine Bilderwand im Klassenzimmer.

Kritik an der Kritik

Die grundlegenden evolutionsbiologischen Einsichten sind empirisch sicherer erwiesen als viele andere Hypothesen.

Dem Leben gelingt es, fast jede Nische zu erobern, indem es bestehende Formen abwandelt. Wir sehen aber nur das, was über längere Zeit erfolgreich war, denn die Natur verwirft alles, was nicht funktioniert, und lässt sogar erfolgreiche Formen aussterben, wenn sich die Umwelt verändert und erfolgreichere Arten auftreten. Es ist oft schwer zu erkennen, warum eine Tiergruppe, die über Jahrmillionen erfolgreich war, erlischt, wie etwa die Dinosaurier. Vor Theorien wie der vom Einschlag eines Meteors muss man sich hüten, solange die zeitliche Einordnung noch nicht gut genug ist, denn zurzeit sieht es so aus, als ob viele Arten schon vor der Katastrophe verschwunden wären. Als Alternative kommen tiefgreifende Klimaveränderungen in Betracht, die schon vor dem Meteoreinschlag einsetzten. Nur eine Randgruppe der Dinosaurier überlebte, nämlich kleine befiederte Raubsaurier, die sich zu Vögeln entwickelten. Ebenfalls zu Beginn der Erdneuzeit, also vor etwa 65 Millionen Jahren, traten die Säugetiere in eine neue Entwicklungsphase. Diese Gruppe gab es schon seit 150 Millionen Jahren, aber sie waren klein, lebten nächtlich und hatten als Kälteschutz ein Haarkleid. Dass sie sich zu einer so diversen und in gewisser Weise beherrschenden Gruppe entwickeln würden, hätte man nicht voraussagen können. Zu den Säugetieren gehören auch die Primaten, aus denen sich die großen Menschenaffen und vor etwa zwei bis drei Millionen Jahren schließlich auch der Mensch entwickelte.

▶ „Gott oder Evolution?“ oder „Gott gegen Darwin?“ sind falsche Alternativen. Das naturwissenschaftliche Weltbild macht keine Aussagen über den Sinn der Welt oder über Gott. Aber viele Naturwissenschaftler bekennen sich aufgrund ihrer persönlichen Erfahrungen zu Gott. Deswegen sind für sie religiöse Bindungen und Evolution mit langer Erdgeschichte kein Gegensatz.
Denen, die mit ungeheuren Zeiten und Räumen zu tun haben, erscheint Gott größer als ein „Designer“, der vor 6000 Jahren die Erde als Fertighaus erschaffen haben soll.

Ein Loblied auf den Schöpfer

- Erklären Sie, warum dieser Psalm nicht als wissenschaftlicher Bericht zu verstehen ist.
- Welche zusätzlichen Informationen müsste ein wissenschaftlicher Bericht geben?
- Was will der Verfasser mit diesem Text den Menschen geben?
- Schreiben Sie einen Lob- oder Klagepsalm auf die Schöpfung.

AUS Psalm **104**

104:1 Lobe den Herrn, meine Seele! Herr, mein Gott, wie groß bist du!
Du bist mit Hoheit und Pracht bekleidet.
104:10 Du lässt die Quellen hervorsprudeln in den Tälern,
sie eilen zwischen den Bergen dahin.
104:11 Allen Tieren des Feldes spenden sie Trank,
die Wildesel stillen ihren Durst daraus.
104:12 An den Ufern wohnen die Vögel des Himmels,
aus den Zweigen erklingt ihr Gesang.
104:13 Du tränkst die Berge aus deinen Kammern,
aus deinen Wolken wird die Erde satt.
104:14 Du lässt Gras wachsen für das Vieh, auch Pflanzen für den Menschen, die er anbaut, damit er Brot gewinnt von der Erde
104:15 und Wein, der das Herz des Menschen erfreut, damit sein Gesicht von Öl erglänzt und Brot das Menschenherz stärkt.
104:16 Die Bäume des Herrn trinken sich satt,
die Zedern des Libanon, die er gepflanzt hat.
104:17 In ihnen bauen die Vögel ihr Nest,
auf den Zypressen nistet der Storch.
104:18 Die hohen Berge gehören dem Steinbock,
dem Klippdachs bieten die Felsen Zuflucht.
104:19 Du hast den Mond gemacht als Maß für die Zeiten, die Sonne weiß, wann sie untergeht.
104:20 Du sendest Finsternis, und es wird Nacht, dann regen sich alle Tiere des Waldes.
104:21 Die jungen Löwen brüllen nach Beute, sie verlangen von Gott ihre Nahrung.
104:22 Strahlt die Sonne dann auf,
so schleichen sie heim und lagern sich in ihren Verstecken.
104:23 Nun geht der Mensch hinaus an sein Tagwerk, an seine Arbeit bis zum Abend.
104:24 Herr, wie zahlreich sind deine Werke! Mit Weisheit hast du sie alle gemacht, die Erde ist voll von deinen Geschöpfen.
104:25 Da ist das Meer, so groß und weit, darin ein Gewimmel ohne Zahl: kleine und große Tiere.

Raffael, Die Erschaffung der Tiere, um 1500

Mein Menschenbild

ES DAUERTE LANGE, BIS ICH MICH DAMIT ABGEFUNDEN HATTE

Es begann wie eine gewöhnliche Grippe. Peter Block klagte über Müdigkeit, er hatte Kopfschmerzen und erhöhte Temperatur. Doch innerhalb von drei Tagen stieg das Fieber auf über 40 Grad. Hirnhaut- und Hirnentzündung diagnostizierten die Ärzte im Marburger Krankenhaus. Peter Block fiel ins Koma, musste unterm Sauerstoffzelt liegen. Als er Wochen später aufwachte, konnte er sich weder bewegen noch erkannte er seine Angehörigen.

Die schwere Krankheit liegt nun 27 Jahre zurück. Peter Block war damals 32 Jahre alt, seine Frau Erika 25, die Söhne Thomas und Andreas sieben und sechs Jahre ...

Als Peter Block endlich aus dem Krankenhaus entlassen wurde, hatte er zwar sein Gedächtnis wiedergefunden, er konnte auch wieder laufen, aber seine linke Körperhälfte blieb spastisch gelähmt. „Ich kann vieles nicht mehr so wie früher und bin nicht mehr so selbstständig“, berichtet der 60-Jährige. Noch heute kann sich Peter Block kaum damit abfinden, dass er kein Auto mehr fahren darf ...

1981 begann Peter Blocks zweites Arbeitsleben als so genannter „Spätbehinderter“ in den Lahnwerkstätten der Lebenshilfe Marburg-Biedenkopf. Am Anfang war er mehr als skeptisch: „Die Leute dort sind doch noch viel ärger dran. Ich fühlte mich abgeschoben, und es dauerte sehr lange, bis ich mich damit abgefunden hatte.“

Heute kann Peter Block wieder sagen: „Ich bin glücklich, auch wenn mein Leben in ganz anderen Bahnen verläuft.“

Er spielt wieder Tischtennis im Verein und verbringt viel Zeit mit der Familie und Freunden.

Die Krankheit, so Erika Block, habe die Familie zusammengeschweißt. „Wir sind daran gewachsen. Doch ohne die Mithilfe unserer Angehörigen und Freunde hätte der Alltag sicher nicht so bewältigt werden können.“ Es habe manche Krisen gegeben, die gemeinsam zu meistern waren. „Die Kinder“, da ist sich die Mutter sicher, „hat die Krankheit des Vaters schon sehr früh verständnisvoll und tolerant gegenüber Menschen mit Behinderung gemacht.“

- Vervollständigen Sie den Satzanfang „Menschen sind ...“. Diskutieren Sie die konträrsten Statements.
- Geben Sie Kurzstatements zu Ihrem Menschenbild ab.
- Welche Situationen waren für Ihr Menschenbild prägend?

TIPP
Besuchen Sie Einrichtungen, in denen Menschen mit Behinderungen arbeiten.

LEBENSHILFE SYKE HAT DEN FREUNDESKREIS SPÄT BEHINDERTER ERWACHSENER AUFGEBAUT

Ein Unfall oder eine schwere Krankheit können zu einer dauerhaften Behinderung führen und reißen erwachsene Menschen von einer Minute auf die andere aus ihrem gewohnten Leben. Die Lebenshilfe Syke in Niedersachsen hat diesen Kreis der so genannten „spät behinderten“ Frauen und Männer im Blick. Ob Wohngeld, Sozialhilfe oder Beihilfen für ein Auto – Sozialpädagogin Petra Caspari-Bruns berät Betroffene und ihre Familien bei Fragen zu deren Rechten und Möglichkeiten, unterstützt sie beim „Papierkrieg“ und begleitet sie zu den Behörden. Außerdem hat die Lebenshilfe den Freundeskreis spät behinderter Erwachsener aufgebaut. Hier tauschen sich die spät behinderten Menschen untereinander, ihre Partner, Eltern oder Kinder aus. Sie machen gemeinsame Ausflüge, lachen, weinen, hören einander zu.

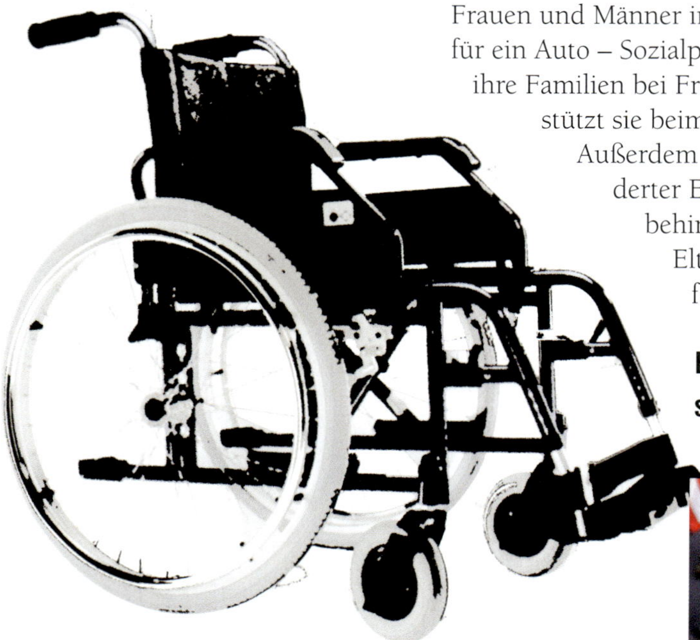

Eine Person ist nicht behindert, sondern sie wird behindert!

- Wo begegnen mir in meiner Umgebung Menschen mit – welcher – Einschränkung?
- Was denke ich über Menschen mit Behinderungen?
- Wie verhalte ich mich Fremden gegenüber?
- Ist mein Frauen- oder Männerbild in Ordnung?
- Sehe ich die Not von Menschen, die Unterstützung brauchen? Wie reagiere ich?
- Diskutieren Sie die Aussage „Eine Person ist nicht behindert, sondern sie wird behindert!“
- Recherchieren Sie im Internet (z. B. unter www.dbk.de; www.aktion-mensch.de), welche Hilfestellungen die Kirchen anbieten. Stellen Sie die Ergebnisse vor.

Lasst uns Menschen machen

AUS Genesis **1**
1:26 Dann sprach Gott: Lasst uns Menschen machen als unser Abbild, uns ähnlich. Sie sollen herrschen über die Fische des Meeres, über die Vögel des Himmels, über das Vieh, über die ganze Erde und über alle Kriechtiere auf dem Land.
1:27 Gott schuf also den Menschen als sein Abbild; als Abbild Gottes schuf er ihn. Als Mann und Frau schuf er sie.
1:28 Gott segnete sie und Gott sprach zu ihnen: Seid fruchtbar und vermehrt euch, bevölkert die Erde, unterwerft sie euch und herrscht über die Fische des Meeres, über die Vögel des Himmels und über alle Tiere, die sich auf dem Land regen.
1:29 Dann sprach Gott: Hiermit übergebe ich euch alle Pflanzen auf der ganzen Erde, die Samen tragen, und alle Bäume mit samenhaltigen Früchten. Euch sollen sie zur Nahrung dienen.
1:30 Allen Tieren des Feldes, allen Vögeln des Himmels und allem, was sich auf der Erde regt, was Lebensatem in sich hat, gebe ich alle grünen Pflanzen zur Nahrung. So geschah es.
1:31 Gott sah alles an, was er gemacht hatte: Es war sehr gut. Es wurde Abend, und es wurde Morgen: sechster Tag.

AUS GENESIS 2
2:7 Da formte Gott, der Herr, den Menschen aus Erde vom Ackerboden und blies in seine Nase den Lebensatem. So wurde der Mensch zu einem lebendigen Wesen.
2:8 Dann legte Gott, der Herr, in Eden, im Osten, einen Garten an und setzte dorthin den Menschen, den er geformt hatte ...
2:15 Gott, der Herr, nahm also den Menschen und setzte ihn in den Garten von Eden, damit er ihn bebaue und hüte ...
2:21 Da ließ Gott, der Herr, einen tiefen Schlaf auf den Menschen fallen, sodass er einschlief, nahm eine seiner Rippen und verschloss ihre Stelle mit Fleisch.
2:22 Gott, der Herr, baute aus der Rippe, die er vom Menschen genommen hatte, eine Frau und führte sie dem Menschen zu.
2:23 Und der Mensch sprach: Das endlich ist Bein von meinem Bein und Fleisch von meinem Fleisch ...
2:24 Darum verlässt der Mann Vater und Mutter und bindet sich an seine Frau, und sie werden *ein* Fleisch.

Schöpfungsbild aus der Kölner Bibel, 1478

Die Erzählungen über die Entstehung der Erde sind weder naturwissenschaftliche Aussagen noch Geschichtsdarstellungen. Sie sind Glaubensaussagen über die Welt und den Menschen und dessen Beziehung zu Gott.

- Vergleichen Sie die beiden Texte. Welche Unterschiede fallen Ihnen auf?
- Deuten Sie das Bild. Welche Elemente waren Ihnen wichtig, wenn Sie eine aktuelle Schöpfungsdarstellung gestalten würden?

Orientierungswissen 3: Gott – Evolution – Mensch

ORIENTIERUNG FÜR MEIN LEBEN

Für uns Menschen ist das Leben und die Welt heute oftmals so selbstverständlich, dass wir das Staunen verlernt haben: Das Staunen darüber, dass unsere Welt so vielgestaltig, so bunt und so reich an Leben ist. Der Blick auf die Evolution, auf das Werden und Entstehen des Lebens, kann dazu helfen, dieses Staunen wieder neu zu lernen. Leben ist nicht selbstverständlich. Es ist auch nicht selbstverständlich, dass ich da bin. Diese einfache Wahrheit gilt es heute wieder neu zu lernen.

ORIENTIERUNG FÜR MEIN HANDELN

Die Entwicklung der Menschen war ein langer Weg, und auch heute entwickeln sich Menschen weiter. Für die Weiterentwicklung der Menschen und ihrer Umwelt tragen wir eine erhebliche Mitverantwortung. Wir gestalten durch unser Handeln in Arbeit und Alltag die Welt und die Entwicklung der Menschen mit. Wir sind in einem gewissen Sinne Mit-Schöpfer des Lebens. Damit übernehmen wir Verantwortung; das gibt unserem Handeln Bedeutung.

ORIENTIERUNG FÜR MEINEN GLAUBEN

Oftmals wird die Evolution als Gegenargument zum Schöpfungsglauben verwendet. Wenn sich das Leben entwickelt habe, dann könne es nicht von Gott geschaffen sein. Eine solche Argumentation ist aber banal und geht meist von einem wörtlichen Verständnis der Bibel aus. In jüdisch-christlichem Verständnis aber ist Gott der Grund und der Halt der Entwicklung des menschlichen Lebens. Er wirkt auch mit und in der Evolution. Er wirkt damit auch mit und durch unser Handeln, das man in einem gewissen Sinne auch als Weiterführung der Schöpfung (Creatio continua) verstehen kann.

TINA UND PAUL

TINA: *Und die wollen mir etwas von globaler Erwärmung erzählen! Von Flensburg bis zum Bodensee Schnee-Chaos!*

PAUL: *Und Dauerfrost fast seit Oktober.*

TINA: *Ich denke, das Wetter kommt, wie's kommt, und uns wollen die Ökos nur einreden, dass wir mit den Autos Schuld daran sind, dass der Wald stirbt.*

PAUL: *Ich weiß nicht, ob das so einfach ist. Ich glaube, dass wir Menschen schon einiges verändern sollten – wenn man in den Nachrichten sieht, welche Unmengen Schmutz die Chinesen in die Umwelt ablassen ...*

TINA: *Auch die Amerikaner sind nicht viel besser, die wollen auch nichts tun. Schuld dran ist dann Gott oder das Schicksal, wenn's New Orleans wegspült.*

PAUL: *Wir können auch noch einiges tun. Jetzt fahren wir schon seit über 100 Jahren mit fast den gleichen Motoren durch die Gegend. Die verbrennen immer noch den gleichen Treibstoff wie früher und verpesten die Umwelt. Wir haben das Auto erfunden und jetzt entwickeln wir's ökologisch gesehen kaum mehr weiter. Immer noch Benzin oder Diesel. Die Japaner sind uns hier voraus, die entwickeln gute Hybridmotoren.*

TINA: *Am besten wäre, die würden mit Wasser laufen, das würde nicht stinken.*

PAUL: *Auf jeden Fall weniger als deine Zigarette.*

Projektidee

Arbeiten Sie mit den unterschiedlichen Ausbildungszweigen Ihrer Schule zusammen. Zeigen Sie auf, wie Menschen auf verschiedenste Weise mit ihrem Beruf in die Schöpfung eingreifen.
Stellen Sie Modelle dar, wie jede und jeder Einzelne im Beruf ökologisch verträglicher handeln kann.
Gestalten Sie aus den Ergebnissen eine multimediale Präsentation.

Die Erde unterwerfen?

AUS DEM BUCH Genesis

1:28 Gott segnete sie (die Menschen) und Gott sprach zu ihnen: Seid fruchtbar und vermehrt euch, bevölkert die Erde, unterwerft sie euch und herrscht über die Fische des Meeres, über die Vögel des Himmels und über alle Tiere, die sich auf dem Land regen.

2:15 Gott, der Herr, nahm also den Menschen und setzte ihn in den Garten von Eden, damit er ihn bebaue und hüte.

bebauen
hüten
unterwerfen
herrschen

Die Weißen verderben unser Land, sie machen die ganze Natur seufzen. Sie schneiden die Kräuter mit langen Messern, sie verderben die Kräuter und die Kräuter weinen. Sie töten die Bäume mit mörderischem Eisen, sie tun den Bäumen Unrecht und die Bäume weinen. Sie reißen die Eingeweide der Erde auf, sie tun der Erde weh und die Erde weint. Sie vergiften das Wasser unserer klaren Flüsse und machen es trübe, die Fische sterben und die Fische und die Flüsse weinen. So seht ihr: Die Fische und Flüsse weinen, die Bäume weinen, die Erde weint, die Wiesenkräuter weinen – ja die ganze Natur machen die Weißen seufzen. Oh, die Undankbaren! Auch sie wird Strafe ereilen!

Indianerhäuptling Kenekuk, USA um 1840

Genesis: „Seid fruchtbar und mehret euch und bevölkert die Erde und macht sie euch untertan … Habe ich das wirklich gesagt?"

- Welche Assoziationen haben Sie zu den Begriffen „unterwerfen, herrschen"?
- Welche Assoziationen haben Sie zu den Begriffen „bebauen, hüten"?
- Finden Sie Beispiele für das Unterwerfen und Herrschen durch die Menschen.
- Finden Sie Beispiele für das Bebauen und Hüten.

Frauenpower für den Wald

NONNE IN DER AMAZONAS-REGION ERMORDET
74-jährige Dorothy Stang hatte für den Regenwald gekämpft

Rio de Janeiro – Eine aus den USA stammende Nonne, die sich jahrzehntelang gegen die Abholzung des brasilianischen Regenwalds eingesetzt hatte, ist am Wochenende im östlichen Amazonasstaat Para erschossen worden. Mutmaßliche Auftragsmörder töteten nach Polizeiangaben die 74 Jahre alte Schwester Dorothy Stang am Samstagmorgen mit drei Gesichtsschüssen in Anapu, einer seit Jahren von Gewalt heimgesuchten Ortschaft, etwa 2000 Kilometer nördlich von Rio de Janeiro. Stang hatte erst vergangene Woche den Menschenrechtsbeauftragten der brasilianischen Regierung, Nilmario Miranda, bei einem Treffen in der Para-Landeshauptstadt Belem über Todesdrohungen von Holzfirmen und Großgrundbesitzern gegen vier Kleinbauern unterrichtet. „Wir können diesen Mord nicht ungesühnt lassen", sagte Miranda. Drei Tatverdächtige kamen in Untersuchungshaft.

Stang, die der internationalen Kongregation Notre Dame de Namur angehörte, hatte sich seit Anfang der siebziger Jahre in der Pastoralen Landkommission (CPT), die der katholischen Kirche nahe steht, für die Rechte von landlosen Bauern im Amazonas und gegen die Waldzerstörung eingesetzt. Anapu liegt an der Transamazonica-Straße, die die Amazonas-Region von Osten nach Westen durchquert und einer der Brennpunkte der Urwaldzerstörung ist. Durch die derzeit von Brasiliens Regierung angefangene Asphaltierung der Transamazonica und anderer Amazonasstraßen werde die Urwaldvernichtung stark beschleunigt, kritisierte Stang noch kürzlich in einem Interview. Sie hatte sich für die Ansiedelung von landlosen Bauern in Gebieten zur nachhaltigen Regenwaldnutzung eingesetzt, in denen nur schnell nachwachsende Produkte oder Früchte geerntet werden dürfen, der Urwald jedoch weitgehend intakt bleibt. Großgrundbesitzer und illegal arbeitende Holzfirmen, die oft mittels gefälschter Eigentumsdokumente und Waffengewalt die Kleinbauern um Anapu herum von ihren Parzellen vertreiben, hätten Stang nach Angaben der CPT bereits seit 1999 mit dem Tod gedroht. „Sie haben vor nichts Respekt, sogar eine ältere religiöse Frau sehen sie als Hindernis", erklärte die CPT. Seit der Aufsehen erregenden Ermordung des Kautschukzapfers und Umweltschützers Chico Mendes am Amazonas 1988 sind in der Region Hunderte Umweltschützer und Landgewerkschaftler ermordet worden. Auch Mitglieder von internationalen Umweltschutzorganisationen, wie Greenpeace, werden regelmäßig bedroht. Lulas Regierung hat das Problem der Amazonaszerstörung bisher ebensowenig in den Griff bekommen wie ihre Vorgänger. Derzeit wird jedes Jahr mehr Urwald vernichtet als im Jahr zuvor.

Bernd Kadowitz

- Bewerten Sie das Engagement der Schwester Dorothy Stang.
- Diskutieren Sie die Motive, den Regenwald zu schützen.
- Recherchieren Sie, wo in Ihrer Umgebung Edelhölzer eingesetzt, angeboten, gekauft werden. Prüfen Sie, ob sie das FSC-Gütesiegel tragen, das das „Forest Stewardship Council" vergibt.
- Beschreiben Sie, wo in Ihrer Region Naturschutz nötig wäre.
- Informieren Sie sich über regionale und überregionale Naturschutzorganisationen (z.B. Greenpeace, BUND – Bund für Umwelt und Naturschutz Deutschland, Bundesverband Tierschutz, Dt. Alpenverein).
- Erklären Sie, warum Sie nichts tun.
- Gestalten Sie Baumsymbole, die auf die Zerbrechlichkeit der Natur hinweisen.

Die Erde leidet

- Gestalten Sie ein Triptychon (dreigeteiltes Bild) „Die Erde leidet“ für die Bereiche Wasser, Luft und Erde. Beziehen Sie, wenn möglich, regionale Probleme ein. Verwenden Sie dabei Texte und Bilder.
- Ergänzen Sie Ihr Werk mit den „Zehn Geboten für die Umwelt“.

KLEBRIGES LEITUNGSWASSER, ÄTZENDE LUFT

China hat schon jetzt strenge Umweltgesetze – nur merken die meisten Chinesen nichts davon. In Zhaiwan zum Beispiel, einem 3400-Einwohner-Dorf in der Provinz Hubei, sieht das Oberflächenwasser nach Berichten von Umweltschützern aus wie Sojasoße, braun und klebrig. Wenn die Dörfler einen Brunnen graben, färbt das Grundwasser in 40 Metern Tiefe ein weißes Handtuch fast schwarz. Wissenschaftler stellten erhöhte Arsen-, Chrom- und Benzolkonzentrationen im Trinkwasser fest. Doch passiert ist bisher nichts, obwohl allen klar ist, woran es liegt, dass in Zhaiwan in den vergangenen sieben Jahren mindestens 80, vor allem junge Menschen an Krebs starben: Die Abwässer von acht Papierfabriken vergiften die Flüsse, die das Dorf umgeben. Tagsüber stehen die Maschinen still, nachts arbeiten sie auf Hochtouren, wohl um Kontrollen zu umgehen. Eine Kläranlage, die in der Nachbarstadt für 25 Millionen Dollar gebaut wurde, verrottet.
16 der 20 am stärksten verschmutzten Städte weltweit liegen nach Berechnungen der Weltbank in China, 700 Millionen der 1,3 Milliarden Chinesen trinken Wasser, das Mindestanforderungen der WHO nicht genügt. Der Schwefeldioxid-Ausstoß ist 70-mal so hoch wie im Nachbarland Japan. 400 000 Chinesen sterben jährlich an den Folgen der Luftverschmutzung. Weniger als 20 Prozent des Abwassers und des Mülls werden adäquat entsorgt. „Chinas Umwelt ist auf weltweit einzigartige Weise gestresst“, sagt Gerald Fryxell, Management-Professor an der China Europe International Business School in Shanghai. Ein unglaubliches Wirtschaftswachstum paare sich mit zunehmender Konsumfreude, und dennoch sei China in vielen Regionen ein Entwicklungsland geblieben, das sich auf veraltete Technologien und auf Kohle als Hauptenergiequelle verlasse.
Umweltsünder werden kaum bestraft. Selbst riesige Chemieunternehmen müssen nur geringe Geldstrafen bezahlen, wenn sie Gift in die Flüsse leiten. Dass es so nicht weitergehen kann, ist auch im Ausland klar geworden, als nach einer Explosion in einem Chemiewerk in Nordost-China benzolverseuchtes Wasser bis nach Russland strömte. Der Staatsrat in Peking zeigte sich betroffen und ließ mitteilen, die Folgen hätten die Nation erschüttert. Der Unfall wurde allerdings zunächst vertuscht. An diesem Wochenende ereignete sich nun ein neuer Zwischenfall. In der Provinz Sichuan wurde ein Fluss mit Fluor, Stickstoff und Phenol verseucht. 20 000 Menschen sind ohne Trinkwasser.

Edeltraud Rattenhuber

Müll

„La Poubelle" heißt ein großformatiges Gemälde (280 x 360 cm) des in Düsseldorf lebenden Malers Klaus Ritterbusch, das sich als Leihgabe im Städtischen Museum Gelsenkirchen befindet. Aber nicht ein „niedlicher" Mülleimer ist abgebildet, sondern eine riesige Müllverbrennungsanlage, gleichsam der Papierkorb des Industriezeitalters, ein gigantischer Moloch, der die tonnenschweren Überbleibsel der Wohlstandsgesellschaft zu bewältigen hat.

TIPP
Besuchen Sie eine Müllverbrennungsanlage. Beschreiben Sie Ihre Eindrücke und diskutieren Sie, welchen Müll Sie vermeiden können.
Verabreden Sie in der Klasse, wie Sie Ihre Verhaltensänderung in regelmäßigen Abständen überprüfen können.

Klaus Ritterbusch, Der Mülleimer, 1991-92

Das Archeprinzip

- Deuten Sie die Karikatur.
- Der Karikaturist hat ein anderes Gottesbild als die Bibel!
- Geben Sie dem Holzschnitt einen Titel.
- Vergleichen Sie die Karikatur mit der alten Darstellung. Welche Unterschiede, welche Gemeinsamkeiten gibt es?
- Erzählen Sie die Original-Geschichte, die zugrunde liegt.
- Transformieren Sie die Arche-Erzählung in eine Geschichte der Gegenwart im Kontext der Arbeitswelt.
- Warum bestraft Gott die Menschen? Warum rettet er sie?

Arche, kolorierender Holzschnitt, 1483

AUS DEM BUCH Genesis
6:13 Da sprach Gott zu Noach: Ich sehe, das Ende aller Wesen aus
Fleisch ist da; denn durch sie ist die Erde voller Gewalttat.
Nun will ich sie zugleich mit der Erde verderben.
6:14 Mach dir eine Arche aus Zypressenholz! Statte sie mit Kammern
aus, und dichte sie innen und außen mit Pech ab!
6:15 So sollst du die Arche bauen: Dreihundert Ellen lang, fünfzig Ellen
breit und dreißig Ellen hoch soll sie sein.
6:16 Mach der Arche ein Dach, und hebe es genau um eine Elle nach
oben an! Den Eingang der Arche bring an der Seite an!
Richte ein unteres, ein zweites und ein drittes Stockwerk ein!
6:17 Ich will nämlich die Flut über die Erde bringen, um alle Wesen
aus Fleisch unter dem Himmel, alles, was Lebensgeist in sich hat,
zu verderben. Alles auf Erden soll verenden.
6:18 Mit dir aber schließe ich meinen Bund. Geh in die Arche, du,
deine Söhne, deine Frau und die Frauen deiner Söhne!
6:19 Von allem, was lebt, von allen Wesen aus Fleisch, führe je zwei in
die Arche, damit sie mit dir am Leben bleiben; je ein Männchen und
ein Weibchen sollen es sein.

Neue Archen braucht der Mensch

EINE „ARCHE“ FÜR DIE ELBE

Ursprünglich sollte es in Hamburg diese Einrichtung längst geben, aber es fehlen bisher ein geeignetes Gebäude und Sponsoren. Thies Hagge, Pastor im Stadtteil Jenfeld, in dem die siebenjährige Jessica starb, plant in Zusammenarbeit mit dem Berliner Verein Arche auch an der Elbe ein soziales Rettungsboot für Kinder. „Wir setzen weit vor einer möglichen Vernachlässigung ein“, sagt Hagge. „Der Ansatz für die Kinder ist: Wenn du glaubst, wir können dir in irgendeiner Weise helfen, dann komm!“
Wie groß der Bedarf ist, zeigt das Beispiel Berlin. Dort gibt es das Kinder- und Jugendzentrum Arche schon seit 1995. Derzeit werden im Stadtteil Hellersdorf täglich 250 bis 300 Kinder und Jugendliche betreut, in Berlin-Mitte sind es noch einmal 70 bis 80. „Damit stoßen wir an unsere Grenzen“, sagt Wolfgang Büscher von der Berliner Arche. 25 Menschen arbeiten für den unabhängigen Verein, eine einzige dieser Stellen bezahlt der Bezirk Hellersdorf.
Der riesige Rest wird ausschließlich über Spenden finanziert – rund 700 000 Euro jährlich kostet es in Berlin, die Kinder auf diese Weise von der Straße zu holen. Das Prinzip der Arche ist, den Kindern ein niedrigschwelliges Angebot zu machen und ihnen „bessere Möglichkeiten zu geben, als ihre Eltern sie hatten“, sagt Büscher.
Die Kinder können in dem Zentrum essen und trinken, bekommen Nachhilfe, sie können tanzen, spielen und reden. Die Arche unterstützt Jugendliche auch im schulischen Bereich, indem sie Computerkurse, Nachhilfe und Hausaufgabenbetreuung anbietet. Praktikumsplätze werden vermittelt, Ausbildungen begleitet. Im besten Fall finden die Sozialpädagogen der Arche auch Zugang zu den Eltern und helfen bei der Problemlösung in der Familie, ehe es zur totalen Verwahrlosung der Kinder kommt.
Thies Hagge, der in engem Kontakt zu den Berlinern steht, ist der Zugang zu den Eltern ebenfalls wichtig: „Wir erreichen sie, wenn sie merken, dass wir den Kindern gut tun. Manche Eltern nehmen sogar am Mittagstisch teil.“ Dem Berliner Vorbild soll nun ein ähnliches Projekt in Hamburg im kommenden Jahr folgen – falls sich in der reichsten Stadt Deutschlands genug Sponsoren dafür finden.

- Bauen auch Sie eine Arche – eine moderne Arche.
- Wie sieht Ihre Arche aus? Wie wollen Sie sie ausstatten? Für wen ist sie bestimmt? Wovor soll die Arche schützen? Was nehmen Sie außerdem mit?

TIPP
Mit unterschiedlichsten Materialien bauen Sie eine moderne Arche gegen aktuelle Not. Sie legen fest und begründen, wen oder was die Arche rettet.

Die Schedelsche Weltchronik aus dem Jahr 1493 stellt die Geschichte der Welt in sieben Zeitaltern dar. Auf diesem Bild sieht man, wie Noach mithilfe von Handwerkern seine Arche baut.

Orientierungswissen 4: Mensch und Welt als Schöpfung

➜ ORIENTIERUNG FÜR MEIN LEBEN

Die Bedrohung der Schöpfung ist heute mit Händen zu greifen und ein dauerndes Thema in Nachrichten und Fernsehdiskussionen. Zerstören wir die Umwelt durch Autoabgase, ständig steigenden Energieverbrauch oder die kaum mehr zu stoppende Überbauung von Grünflächen?
Ja, es kann kein Zweifel bestehen: Unser Umgang mit der Welt und der Natur muss neu überdacht werden!

➜ ORIENTIERUNG FÜR MEIN HANDELN

Unser Umgang mit Welt und Natur hängt wesentlich davon ab, wie wir diese sehen. Wenn die Welt ein „Material" ist, das wir ausbeuten können, dann besteht kein Grund, dies nicht zu tun. Verstehen wir die Welt aber als „Schöpfung" und „Geschenk", dann werden wir lernen, anders mit ihr umzugehen. Dies ist unser Auftrag: So mit den Grundlagen der Natur umzugehen, das auch andere Generationen diese noch nutzen können. „Nachhaltigkeit" ist daher eine grundlegende Anforderung an menschliches Handeln in einer geschenkten Welt.

➜ ORIENTIERUNG FÜR MEINEN GLAUBEN

Der christliche Glaube versteht die Schöpfung als geschenkte Welt.
Der oft zitierte Satz, die Menschen sollen die Erde „unterwerfen" und „beherrschen" ist nicht als ein Aufruf zur Ausbeutung der Schöpfung zu verstehen, sondern als Auftrag, die Welt zu gestalten. Darum spricht Genesis 2,15 auch vom Auftrag an die Menschen, die Welt zu „bebauen" und sie zu „hüten".

TINA UND PAUL

PAUL: *Die wollen jetzt gentechnisch verändertes Bier in Europa auf den Markt bringen. Pfui Teufel!*

TINA: *Das schmeckst du doch nicht!*

PAUL: *Das ist ja das Problem, das sieht alles besser aus, schmeckt vielleicht noch besser, ist länger haltbar, aber man merkt nicht, was da aus der Genküche kommt. So wie mit dem Gemüse auch.*

TINA: *Was ist da schlimm dran, wenn etwas länger hält, besser aussieht und vielleicht wieder wie früher schmeckt?*

PAUL: *Man weiß ja nicht, ob's gesund ist.*

TINA: *Das erforschen die doch vorher.*

PAUL: *Ja, so wie der koreanische Wissenschaftler, der seine ganzen Ergebnisse gefälscht hat. Oder so wie die Sache mit dem Schaf Dolly: Die Welt jubelt und dann stirbt Dolly doch früher als erwartet, und im Körper hat dann doch etwas nicht gestimmt, das kommt bestimmt vom Klonen.*

TINA: *Stell dir vor, wie das ist – du verlierst deine Freundin bei einem Autounfall und jetzt kann man dir eine neue klonen.*

PAUL: *Toll, was habe ich davon, wenn die wieder als Baby auf die Welt kommt? Außerdem kann sie sich ja anders entwickeln.*

TINA: *Vielleicht ist es ja ganz gut, wenn das nicht klappt. Stell dir vor, von deiner Sorte gäbe es zwei.*

Projektidee

Kooperieren Sie für den Themenbereich „Gentechnik" mit dem Biologieunterricht, den medizinischen, kosmetischen sowie den krankenpflegerischen und ernährungstechnischen Ausbildungsbereichen.
Klären Sie in den kooperierenden Fächern eher die technischen Fragen, im Religionsunterricht diskutieren Sie die ethischen Fragen.
Gestalten Sie mit den Ergebnissen eine Ausstellung, in der die Chancen der Gentechnik, aber auch ethische Grenzen aufgezeigt werden.

Was ist heute schon machbar?

Manfred Deix, 1992

Wissenschaftlern der Vereinigten Arabischen Emirate ist es mit künstlicher Befruchtung gelungen, eine ganz neue Tierart zu schaffen. Die „Kama" genannte, neue Rasse ist eine Kreuzung aus Kamel und Lama.

WIRD DAS MAMMUT WIEDERBELEBT?

Kazufumi Goto, ein japanischer Tiermediziner von der Universität Kagoshima, möchte die vor rund 10 000 Jahren ausgestorbenen Mammute wieder zum Leben erwecken.

GEN-SONNENMILCH WECKT HAUTKLEMPNER

Ein gentechnischer Trick soll Sonnenanbeter künftig vor brennender Haut und Krebs schützen. Eine Sonnenmilch mit DNS-Fragmenten gaukelt den Hautzellen einen Schaden am Erbgut vor und startet so deren Schutz- und Reparaturprogramm.

MISCHWESEN

Chimären aus verschiedenen Tierarten sind in der neuen Welt der Genmanipulation längst Alltag. Schon 1985 stellten US-Forscher ein Mischwesen aus Schaf und Ziege vor, das sie „Geep" (zusammengesetzt aus „goat" und „sheep"") nannten. Im Jahr 2000 erzeugten französische Wissenschaftler für den Künstler Eduardo Kac aus Quallen- und Kaninchenzellen ein Albinokarnickel, das im Dunkeln leuchtet. Und auch Chimären mit menschlichen Zutaten gibt es bereits: Der Wissenschaftler Esmail Zanjani arbeitet an der University of Nevada in Reno an Schafen, denen schon als Fötus menschliche Stammzellen injiziert werden. Zanjani will seine Schafe, die eines Tages vielleicht als Organspender dienen könnten, allerdings nicht patentieren lassen.

Mischwesen „Geep": halb Ziege, halb Schaf

- Nennen Sie weitere Beispiele.
- Recherchieren Sie zum Begriff „Chimäre".
- Was halten Sie von gentechnisch erzeugten Mischwesen?
- Als „Gendesigner" haben Sie die Aufgabe, Pflanzen, Tiere und Menschen zu optimieren. In kleinen Forscherteams schaffen Sie neue Lebewesen mit optimierten Eigenschaften.
- Diskutieren Sie, was in Zukunft machbar sein wird.

Menschen machen

Reproduktionstechnik
Stolz verkündete der Washingtoner Reproduktionsmediziner Jerry Hall im Oktober 1993, dass es ihm gelungen sei, menschliche Embryonen zu vervielfältigen. Im Juli 1994 brachte eine 63 Jahre alte Italienerin ein Baby zur Welt und stellte damit einen neuen zweifelhaften Altersrekord auf. Das späte Mutterglück hatte der italienische Arzt Severino Antinori ermöglicht – gegen gute Bezahlung. Beide Enthüllungen lösten einen Sturm der Entrüstung aus. Hall hatte ein Tabu verletzt, Antinori gegen die „guten Sitten" verstoßen.

„Na schön, es kann natürlich auch mal ein Klon-Versuch schiefgehen."

- Diskutieren Sie die Aussagen von Gebhard Fürst.
- Warum ist Menschenwürde nicht verdienbar?
- Finden Sie Beispiele, wo Genforschung und Gentechnik segensreich wirken.
- Welche Gefahren schildert der Bischof?

TIPP
Laden Sie Mediziner ein, die zum Thema referieren.

▶ Die Menschenwürde ist nicht verdienbar, sie ist aber auch nicht verlierbar. Die Würde sprechen wir uns nicht zu, darum können wir sie einander auch nicht absprechen … Die Kirche ist nicht forschungsfeindlich, sondern lebensfreundlich. Daher befürwortet die katholische Kirche Gentechnik und Biomedizin, wo sie die Würde des Menschen achten und fördern; sie kann aber auch nicht umhin, auf Gefahren und Folgen hinzuweisen, die sich hieraus ergeben. Genforschung und -technik können außerordentlich segensreich wirken, sie können aber auch zum Fluch werden. Das geschieht, wenn sie offen oder insgeheim der Versuchung nachgeben, einen Neuen Menschen produzieren zu wollen. Der wird schnell zu einem Götzen, auf dessen Altar Menschenopfer dargebracht werden: in Ländern der EU vielleicht Kinder mit Down-Syndrom, anderswo Mädchen wegen ihres Geschlechts, heute Kinder mit schweren Erbleiden, morgen solche, denen es an Intelligenz, Schönheit oder einfach an Erfolgsaussichten mangelt. Denn auf dieser abschüssigen Bahn der ständigen Erweiterung und Verschiebung der Grenzen des Menschen genügt es schon heute längst nicht mehr, sich selbst zu verwirklichen, man muss sich selbst neu erfinden und neu erschaffen.

Dr. Gebhard Fürst, Bischof

„... und wird uns das Baby dann zugeschickt, oder wie läuft das, Herr Doktor?“

HOLLAND: ZWILLINGE SCHWARZ UND WEIß

Nach einer künstlichen Befruchtung mit versehentlich vermischten Spermien im Reagenzglas hat eine Niederländerin Zwillinge unterschiedlicher Hautfarbe zur Welt gebracht. Gentests ergaben, dass eines der Kinder mit weißer Hautfarbe vom Ehemann der Frau stammt. Das andere, farbige Baby hat vermutlich einen in der Karibik lebenden Mann zum Vater. Der Leiter der Abteilung für In-vitro-Fertilisation in der Utrechter Uniklinik, Egbert de Velde, betonte, dass solche Fälle absolute Ausnahmen seien. Der Niederländerin waren nach der künstlichen Befruchtung im Glas drei Embryonen eingepflanzt worden, von denen zwei überlebten. De Velde erklärte die Panne so, dass einer der Laboranten für die künstliche Befruchtung eine Pipette benutzte, in der sich noch Spermienreste eines anderen Spenders befanden. Normalerweise würden für jede Operation neue Pipetten benutzt.

AUSWAHL IM LABOR – DESIGN-BABYS IN BELGIEN UND ISRAEL

In Belgien sind erstmals zwei „Designer-Babys“ zur Welt gekommen. Die Embryonen waren am Reproduktionsmedizin-Zentrum Brüssel durch künstliche Befruchtung entstanden und genetisch untersucht worden. Nur solche Embryonen wurden ausgetragen, die Zellersatz für ihre Geschwister liefern konnten. Mit Stammzellen aus dem Nabelschnurblut der Babys sollen deren Geschwister behandelt werden, die an einer schweren Erbkrankheit leiden. Ähnliche Fälle gab es bereits in den USA und Großbritannien. Nach Angaben der Ärzte hatten sich 61 Paare um die Behandlung beworben; bei 14 Paaren sei die Untersuchung noch im Gang. Während in Deutschland die Auswahl von Embryonen grundsätzlich verboten ist, dürfen Eltern in Israel nach künstlicher Befruchtung künftig sogar entscheiden, ob sie einen Jungen oder ein Mädchen haben wollen. Das gelte aber nur in Einzelfällen, so das Gesundheitsministerium – etwa, wenn eine Familie schon vier Mädchen habe. Eine Kommission aus Psychologen und Ärzten soll über die Anträge entscheiden.

- Diskutieren Sie die Aussage: „Jede/r hat das Recht auf ein Kind.“
- Bewerten Sie die Aussagen von Kardinal Lehmann.

▶ **Menschliche Embryonen dürfen nicht zu einem „Rohstoff“ werden. Eine solche Instrumentalisierung missachtet das Lebensrecht, das dem menschlichen Embryo von Anfang an zukommt. Gerade in seinen schwächsten Phasen zu Beginn und im Alter verdient menschliches Leben einen besonderen Schutz.**

Karl Kardinal Lehmann

Kinderwunsch on the rocks

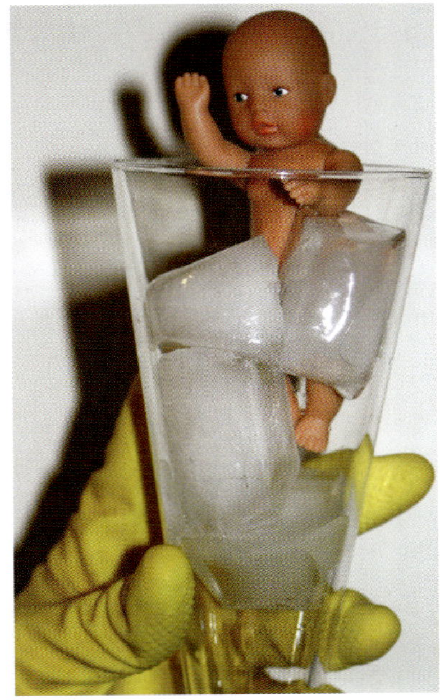

Ob die 34-jährige Britin Natallie Evans jemals ein eigenes Kind gebären wird, hängt von einem europäischen Gericht ab. Seit ihr im Jahr 2000 wegen Tumoren die Eierstöcke entfernt werden mussten, gründet sich ihre Hoffnung auf sechs von ihrem damaligen Partner befruchtete und tiefgefrorene Eizellen. Als der Mann nach der Trennung des Paares seine Zustimmung zur Lagerung der Embryonen zurückzog, sollten diese im Februar 2005 vernichtet werden. Das verhinderte zwar zunächst der Europäische Gerichtshof für Menschenrechte in Straßburg. Jetzt aber entschieden die Richter gegen die Frau. Sie kann nur noch die Große Kammer des Europarats-Gerichts anrufen. Diese müsste sich mit Fragen zum Beginn des Lebens, zum Status tiefgefrorener Embryonen und zu den Rechten der Beteiligten befassen.

Im Fall Evans gibt es klare britische Regelungen. So ist festgehalten, dass beide Partner einer künstlichen Befruchtung die Genehmigung zur Aufbewahrung und Verwendung eingefrorener Embryonen widerrufen können. Evans wehrte sich gegen die britische Regelung, wonach sie nach dem Rückzug ihres Ex-Partners die Embryonen nicht in ihren Körper einpflanzen lassen darf. Evans hielt das für einen Verstoß gegen das Recht der Embryonen auf Leben sowie gegen ihr eigenes Recht auf Privat- und Familienleben.

Die Straßburger Richter äußerten Sympathie für das Anliegen der Klägerin, was in einem Urteil äußerst ungewöhnlich ist. Sie habe keine andere Chance, leibliche Mutter eigener Kinder zu werden. Das Gericht wies jedoch darauf hin, dass auch der Ex-Partner und Samenspender Rechte habe. Er könne nicht gegen seinen Willen zur Vaterschaft gezwungen werden.

Das Gericht wies auch darauf hin, dass es in den europäischen Staaten keine Einigkeit darüber gebe, wann das Leben beginne. Falls die Große Kammer des EGMR als letzte Instanz doch zugunsten von Evans entscheiden sollte, ist vorgesorgt: Straßburg wies die britischen Behörden an, die befruchteten Eizellen zunächst eingefroren zu lassen.

Ähnliche Probleme wie im Fall Evans dürfte es mit der Ausbreitung von künstlichen Befruchtungen noch öfter geben. Schätzungen zufolge lagern in der EU Hunderttausende Embryonen in flüssigem Stickstoff bei minus 196 Grad. In Deutschland ist die so genannte Kryokonservierung im allgemeinen nur im Stadium der Vorkerne zulässig, also nach dem Eindringen der Samenzelle in die Eizelle, aber vor der Verschmelzung beider Kerne.

- Führen Sie ein Rollenspiel in Form einer Gerichtsverhandlung auf.
- Recherchieren und diskutieren Sie im Vorfeld, damit die Parteien (Ex-Partner, Frau) die besten Argumente in der „Verhandlung" präsentieren können.
- Am Ende wird „Recht gesprochen", wobei die „Richtergruppe" ihr Urteil ausführlich begründet.

Das Glück braucht keine Perfektion

Diese Geschichte spielt in Leichlingen, in einer Kleinstadt zwischen Köln und Wuppertal. Sie handelt vom Alltag zweier Schwestern: Lily und Marie. Beide haben das Down-Syndrom. Beide sind Adoptivkinder.
Als Martina Zilske (43) und ihr Mann Helmut (54) vor rund sechs Jahren Marie adoptierten und wenige Monate später Lily hinzukam, war ihnen eins ganz besonders wichtig: Ihre Töchter sollten so normal und so selbstständig wie möglich aufwachsen. Marie geht heute zusammen mit Kindern ohne Behinderung in die erste Klasse einer integrativen Schule. Zuvor war sie in einem integrativen Kindergarten, den jetzt auch ihre fünfjährige Schwester Lily besucht.
Die Mädchen mit Behinderung lassen es sogar zu, dass beide Eltern berufstätig sind. Alles eine Frage der Organisation und Einstellung. Martina Zilske ist Sonderpädagogin und arbeitet seit 1988 an der Musikschule in Leichlingen, wo sie viele integrative Angebote aufgebaut hat. Zwei ihrer Schüler mit Down-Syndrom sind die Paten von Marie und Lily. „Uns war wichtig, dass die beiden von Anfang an auch Kontakt zu erwachsenen Menschen mit Down-Syndrom haben", erklärt Martina Zilske. Sie und ihr Mann, der Lehrer an der Gesamtschule in Solingen ist, sehen in Menschen mit Behinderung keine Last, sondern eine Bereicherung für die Gesellschaft. Das spürte wohl auch eine Frau aus Ulm, die einen Jungen mit Down-Syndrom erwartete und sich vor einem möglichen Schwangerschaftsabbruch bei der Leichlinger Familie über das Leben mit einem behinderten Kind informierte. Danach entschied sie sich für ihren Sohn. Den kleinen Hans gäbe es heute nicht, hätte die Frau auf den Rat ihres Arztes gehört. Martina Zilske: „Der wollte das Kind gleich wegmachen."
Warum nur, fragt sie, würden die Schwangeren immer zu einem Schwangerschaftsabbruch gedrängt? Martina Zilske berät immer wieder Eltern, die gerade ein Kind mit Down-Syndrom bekommen haben oder in der Schwangerschaft mit dieser Diagnose konfrontiert werden.
Damit die Mädchen sich weiter so prächtig entwickeln, legen die Zilskes viel Wert auf Sport und Musik. Marie hat daher einen recht vollen Terminkalender: montags Schwimmen mit Oma, dienstags Gesangsunterricht, mittwochs Flötenspiel und Ballett, donnerstags Schwimmen im Verein, freitags Chor.
Was ihre Adoptivtöchter bis heute erreicht haben, erfüllt die Eltern sichtlich mit Stolz. Auf natürlichem Wege konnten die Zilskes, die seit 22 Jahren verheiratet sind, keine Kinder bekommen. Künstliche Befruchtung lehnen sie jedoch ab: „Für uns gibt es Grenzen." Die aktuelle Debatte um Forschung am menschlichen Erbgut, um Embryonen und vorgeburtliche Diagnostik macht ihnen Sorge. „Niemand, selbst die Genetik nicht, kann voraussagen, wer einmal eine verkrachte Existenz und wer ein glücklicher Mensch wird."

- Informieren Sie sich über die Arbeit der Bundesvereinigung Lebenshilfe für Menschen mit geistiger Behinderung.

Lebenshilfe

TIPP
Besuchen Sie eine Schule, in der Menschen mit geistiger Behinderung lernen.

Stopp sagen

Also, machen KÖNNEN wir inzwischen eine ganze Menge. Ob wir das immer auch machen MÜSSEN, ist eine andere Frage. (Und warum vieles, das gemacht werden könnte, nicht gemacht wird, das wäre die dritte.)
Bleiben wir bei Frage zwei: Müssen wir das Weltall mit Raketen vollrüsten? Müssen wir Kunstherzen verpflanzen, Schweine mit mehr Rippen züchten, Kühe mit Tomaten kreuzen, so dass zwar die Kuh nicht Tomatensaft gibt, aber die Tomate eine lederne Kuhhaut kriegt, die bei der Ernte nicht beschädigt wird? Müssen wir Leihmütter haben, müssen wir jetzt den schwangeren Mann (Eiverpflanzung in die Bauchhöhle, Geburt durch Kaiserschnitt) möglich machen, müssen wir das Gen für menschliche Wachstumshormone auf Rinder übertragen, damit sie in halber Zeit auf die Größe von Elefanten heranwachsen? ... Im Bereich Umwelttechnologie hat man Mikroorganismen entwickelt, die Öllachen wegputzen. Wer sagt mir, dass nicht ein Gläschen mit Pestbazillen von Terroristen gleich welcher Art ins Frankfurter oder Hamburger Trinkwasser geschummelt wird?
Wo alles geforscht wird, ist auch alles möglich. Die Vernichtung der Welt auf die brutale Art mit Waffen und Bomben ja sowieso, aber jetzt kommen sie uns sanft mit Genmanipulation und Molekularforschung durch die Hintertür. Und wer blickt durch, versteht, kontrolliert, was da gezüchtet wird? Hätten Menschen nicht zu allen Zeiten geforscht, säßen wir auf den Bäumen. (Wir hätten dann allerdings erheblich mehr Bäume.) Aber ich werde das Gefühl nicht los, dass Forscher früherer Jahrhunderte Universalgelehrte waren, die ein Ergebnis philosophisch von vielen Seiten betrachten konnten. Heute sitzen Superspezialisten in den Labors und kriegen Nobelpreise für Sachen, die kaum ein normaler Mensch begreift. Wo ist für uns die Möglichkeit „Halt, ich will das nicht“ zu rufen? Wo ist eine ... moralische Instanz, die nicht bevormundet, sondern prüft, welche Forschung dem Menschen schadet oder nützt? Wo war sie zur Zeit der Naziversuche? Wer garantiert uns, dass nicht im Sinne geldgebender Wirtschaftsgiganten geforscht wird wie bei der Atomlobby, sondern im Sinne einer Zukunft auch für die Generationen nach uns? Wo sind die Instanzen, die falsche Schritte erkennen und „Stopp!“ sagen? ...
Ich will nicht, dass es alles gibt, was es geben kann. Ich halte uns nicht für mündig genug. Weil ich aber weiß, dass auch bisher immer alles gemacht wurde und sich immer sofort ein Markt dafür fand, habe ich wenig Hoffnung auf Vernunft und Ethik.

Elke Heidenreich

**Technisch sind wir Übermenschen,
moralisch noch nicht einmal Menschen;
das ist das Hauptproblem der Gegenwart.**

Aldous Huxley, amerikanischer Schriftsteller

Die Bedenken gegenüber der Gen-Technik erweisen sich als unbegründet. Verantwortungsvolle Wissenschaftler nutzen sie ausschließlich zum Vorteil der Menschen.

Manfred Deix, 1992

- Wo sagen Sie „STOPP!“?
- Erstellen Sie eine „Stopp-Liste“ für Ihr Klassenzimmer.
- Diskutieren Sie die einzelnen Punkte.

Orientierungswissen 5: Gentechnik – Fluch oder Segen?

ORIENTIERUNG FÜR MEIN LEBEN

Wir stehen in unserem Leben oft vor der Frage, ob wir tun dürfen, was wir tun können. Aufgrund der technischen Entwicklung ist den Menschen vieles möglich, was ethisch fragwürdig erscheint. Ein besonders zukunftsorientiertes Beispiel hierfür ist die Gentechnik. Wir werden vor die Frage gestellt, wie wir diese beurteilen. Wir brauchen klare eigene Kriterien für unsere Entscheidung: Die Gentechnik kann ein Segen sein, wenn sie beispielsweise die Herstellung von Organen ermöglicht, die Leben retten. Sie kann aber auch zum Fluch werden, wenn Menschen sie einsetzen, um Geschöpfe nach eigenem Gutdünken zu erschaffen.

ORIENTIERUNG FÜR MEIN HANDELN

In unserer immer komplizierter werdenden Welt brauchen wir Hilfestellungen und Richtlinien, wie wir technische Entwicklungen beurteilen können. Wir müssen wissen, bis zu welchem Punkt wir bereit sind – auch in der Arbeit – , Entwicklungen zu unterstützen und mitzutragen, die wir ethisch nicht für verantwortbar halten. Der christliche Glaube kann uns Hilfestellungen für solche Entscheidungen geben. Aus ihm heraus lassen sich Kriterien entwickeln, wie wir technische und medizinische Entwicklungen, wie beispielsweise in der Gentechnik, beurteilen können.

ORIENTIERUNG FÜR MEINEN GLAUBEN

Der Schutz des Lebens von Anfang an sowie das gleiche Lebensrecht für alle sind wichtige Kriterien aus dem christlichen Glauben, die uns helfen, technische und medizinische Fortschritte beurteilen und bewerten zu können. Der christliche Glaube ist nicht fortschrittsfeindlich – er stellt den Fortschritt aber unter die Beachtung der Würde des Menschen. Diese Würde ist den Menschen von Gott geschenkt – daher können und dürfen sie sie nicht eigenmächtig außer Kraft setzen. Die Kirche weist deshalb immer wieder auf Gefahren und Folgen der Genforschung und Gentechnik hin.

TINA UND PAUL

PAUL: *Ich weiß auch nicht, ob das das Richtige für mich ist!*

TINA: *Ja, was willst du sonst werden?*

PAUL: *Woher soll ich das wissen? Mein Uropa war Bauer, mein Opa war Bauer, mein Vater ist Bauer … und ich weiß nicht, ob ich mich richtig entschieden habe.*

TINA: *Die hatten's irgendwie leichter.*

PAUL: *Ja, einmal Bauer, immer Bauer. Der Meister im Betrieb hat gemeint, dass die Chancen einer Übernahme nicht so gut sind. Weg von hier will ich ja eigentlich nicht. Zuhause lebe ich am billigsten.*

TINA: *Flexibel musst du schon sein.*

PAUL: *Du redest schon wie die Lehrer: flexibel, elastisch, kreativ, hochmotiviert, freundlich … und was noch alles? Schau dir doch die Lehrer und Meister an, ich bezweifle, ob die als Schüler so waren.*

TINA: *Da hat sich halt viel verändert. Du musst heute damit rechnen, nicht mit dem Beruf zu sterben, den du erlernt hast.*

PAUL: *Ich möchte aber nicht ein Leben lang lernen, ich möchte lernen zu leben.*

Projektidee

Arbeiten Sie mit den unterschiedlichen Ausbildungszweigen Ihrer Schule zusammen. Erstellen Sie Kurzprofile der einzelnen Ausbildungsberufe. Beschreiben Sie unterschiedliche Motive zur Berufswahl.
Diskutieren Sie die Themenbereiche „Arbeitslosigkeit" und „lebenslanges Lernen".
Stellen Sie in einer Wandzeitung im Foyer der Schule Ihre Ergebnisse vor.

Was bedeutet Arbeit?

- Definieren Sie Arbeit. Bedenken Sie dabei die verschiedenen Formen (Hausarbeit, Erwerbsarbeit, ehrenamtliche Arbeit ...).
- Welche Eigenschaften verlangt die moderne Arbeitsgesellschaft?
- Welche Eigenschaften lassen sich aus den Bibelstellen herauslesen?
- Welche Eigenschaften bringen Sie mit, um in der modernen Arbeitswelt bestehen zu können?
- Welche Eigenschaften sind bei Ihnen noch wenig ausgeprägt und wie können Sie sie fördern?

ARBEIT UND BIBEL

AUS DEM BUCH Genesis
2:15 Gott, der Herr, nahm also den Menschen und setzte ihn in den Garten von Eden, damit er ihn bebaue und hüte.
3:19 Im Schweiße deines Angesichts sollst du dein Brot essen, bis du zurückkehrst zum Ackerboden.

AUS DEM BUCH Levitikus
23:3 Sechs Tage soll man arbeiten, aber am siebten Tag ist vollständiger Ruhetag, ein Tag heiliger Versammlung, an dem ihr keinerlei Arbeit verrichten dürft. Es ist ein Feiertag zur Ehre des Herrn überall, wo ihr wohnt.

AUS DEM 1. Brief an die Thessalonicher
4:11 Setzt eure Ehre darein, ruhig zu leben, euch um die eigenen Aufgaben zu kümmern und mit euren Händen zu arbeiten, wie wir euch aufgetragen haben.

AUS DEM Brief an die Kolosser
3:17 Alles, was ihr in Worten und Werken tut, geschehe im Namen Jesu, des Herrn. Durch ihn dankt Gott, dem Vater!

AUS DEM 1. Buch der Chronik
22:15 Du hast Handwerker in großer Anzahl, Steinmetzen, Maurer, Zimmerleute und zahllose Künstler, die jede Arbeit
22:16 in Gold, Silber, Bronze und Eisen ausführen können. Auf denn, geh ans Werk, und der Herr sei mit dir.

AUS DEM 2. Buch der Chronik
19:11 Geht mutig an die Arbeit, und der Herr sei mit dem, der seine Pflicht erfüllt.

„In einer Arbeitsgesellschaft auswechselbarer Arbeitsplätze und Jobs verschwindet jedes Berufsethos. Die Gesellschaft gibt den Menschen im besten Fall eine Vielzahl von Chancen, sich zu verändern. Im schlimmsten Fall zwingt sie Menschen dazu, ständig umzulernen. Sie verlangt Elastizität, Anpassungsfähigkeit, Veränderungswillen und Fantasie, nicht aber Berufs- und Betriebstreue. Die berufsständische Arbeit gab dem Menschen äußere Sicherheit und inneren Halt. Er wusste, wer er war und wie er angesehen war: „Herr Pfarrer" und „Frau Schneidermeister". Die Mobilität der modernen Arbeitsgesellschaft entzieht dem Menschen diesen Außenhalt. Sie verlangt überlegene innere Identität und Freiheit des Individuums gegenüber seiner Arbeit. Sonst bedroht sie ihn mit einer Anpassung, die ihn auflöst."

Jürgen Moltmann

Zwischen Frust und Traumberuf

INTERVIEW

Beschreiben Sie Ihren Traumberuf.
Was reizt Sie an diesem Beruf?
Wie hoch ist die Wahrscheinlichkeit, diesen Beruf tatsächlich zu erlernen?
Welches ist für Sie ein realistisches Berufsziel?
In welcher Gegend wollen Sie arbeiten?
Beschreiben Sie Ihre zukünftigen KollegInnen.
Welche Fähigkeiten sollte Ihr Vorgesetzter besitzen?
Was macht Ihnen Freude bei der Arbeit?
Was gefällt Ihnen nicht?
Denken Sie, dass Sie immer im selben Beruf arbeiten werden?
Wie gehen Sie mit dem Gedanken an drohende Arbeitslosigkeit um?

SPRICHWÖRTLICH

Arbeit macht das Leben süß.
Wer nicht arbeiten will, soll auch nicht essen.
Schaffe, schaffe Häusle bauen.
Arbeit verdirbt einem das ganze Leben!
Ora et labora (Bete und arbeite).
Was du heute kannst besorgen, das verschiebe nicht auf morgen.
Du bist ein echtes Arbeitstier!
Lieber vom Saufen einen Ranzen als vom Arbeiten einen Buckel.
Wer die Arbeit kennt und sich nicht drückt, der ist verrückt!
Lieber Feste feiern als feste arbeiten.

- Suchen Sie sich zwei einander widersprechende Sprichwörter aus und nehmen Sie kritisch Stellung zu den beiden Aussagen.
- Erläutern Sie die wesentlichen Unterschiede in den Aussagen der Interviews.
- Wie wurde das Thema Arbeitslosigkeit von den InterviewpartnerInnen aufgenommen?

TIPP

Reden Sie mit Ihren Eltern und Großeltern über das Thema Beruf und Traumberuf.
Notieren Sie die Aspekte, die Ihnen Freude bei der Arbeit machen, auf farbigen Zetteln und gestalten Sie ein gemeinsames Mobile in der Klasse.

Berufswahl – Berufsqual?

Was soll ich denn bloß werden???
Was ist denn ein „Sales-Manager“ oder „Mechatroniker“? Das kann ich ja nicht einmal übersetzen!

HEITERES BERUFERATEN

Bäcker/in
Bankkauffrau/-mann
Metzger/in
Physiotherapeut/in
Sales-Manager/in
Altenpfleger/in
Sekretär/in
Grafiker/in
Taxifahrer/in
Krankenpfleger/in
Friseur/in
Profisportler/in
Koch/Köchin
Fotograf/in
Mechatroniker/in
Landwirt/in

Als man das Münster in Freiburg baute, fragte man drei Steinmetze nach ihrer Arbeit.
Der erste meinte: „Ich bearbeite Steine.“
Der zweite sagte: „Ich muss Geld verdienen.“
Der dritte überlegte kurz: „Ich baue am Dom.“

TV-SERIEN PRÄGEN DIE BERUFSWAHL

Bei ihren Berufswünschen orientieren sich Schüler häufig daran, was das Fernsehen zeigt. Ob Tierarzt, Innenarchitekt oder Fallschirmspringer – vor allem Vorbilder aus Doku-Soaps spielen bei der Berufswahl eine große Rolle, haben belgische Forscher herausgefunden.
Kommunikationswissenschaftler an der Universität Löwen hatten Studenten 350 Schüler aus Flandern zu Berufswünschen und Fernsehgewohnheiten befragen lassen. Und entdeckten einen engen Zusammenhang: „Je öfter Jugendliche eine bestimmte Sendung schauen, desto positiver sehen sie einen Beruf, der dort vorkommt“, sagte Kathleen Beullens, Forscherin in Löwen, der Zeitung „De Morgen“. Belgische TV-Serien über Tierärzte oder Geburtshelfer hätten bei etlichen jungen Menschen entsprechende Berufswünsche geweckt. Das gelte auch für „De para's“, eine Reihe über Fallschirmspringer: „Viele Schüler, die häufig ›De para's‹ schauten, wollten tatsächlich eine militärische Laufbahn ergreifen“, so Beullens.
Zwar gäben die Schüler an, bei ihrer Berufswahl spielten vor allem Eltern, Lehrer und Freunde eine Rolle. Doch die Interviews hätten einen starken Zusammenhang mit dem Fernsehen ergeben.
Nach den Erkenntnissen der Kommunikationswissenschaftler haben Doku-Soaps einen stärkeren Einfluss als fiktive Serien wie etwa Krimis. Neuester Renner scheint der Beruf des Innenarchitekten zu sein, nachdem im flämischen Fernsehen eine entsprechende Serie startete. Die Anmeldungen für dieses Fach seien stark gestiegen, sagte Dirk Selis von der Hochschule der Provinz Limburg. „In Sachen Öffentlichkeitsarbeit können wir uns nichts besseres vorstellen als diese Art von Sendungen“, betonte Selis, „keine Broschüre kann es damit aufnehmen.“

- Schreiben Sie alle Berufe auf, für die Sie sich interessieren.
- Wählen Sie nach reiflicher Überlegung aus diesen Berufen drei aus, die für Sie tatsächlich in Frage kommen.
- Schreiben Sie eine Pro-und-Contra-Liste für die drei Berufe und bestimmen Sie danach einen Favoriten.
- Stellen Sie der Klasse Ihren ausgewählten Beruf vor, zeigen Sie die Argumente auf.
- Welche Berufe aus TV-Serien würden Sie interessieren?

TIPP
Besuchen Sie ein Berufsinformationszentrum.

Die Letzten werden die Letzten bleiben?

BISCHOF WILL SCHULABGÄNGERN HELFEN

Bischof Reinhard Lettmann hat Schulabgängern Unterstützung für ihre berufliche Zukunft zugesagt. Er sei kein Mann der Wirtschaft, wolle aber mit „seinen Mitteln“ dazu beitragen, dass sich die Arbeitswelt verändert. Er wünsche jedem Jugendlichen, dass er sich nie ganz verlassen fühle. 20.000 Exemplare des Briefs wurden an die Schulen im Bistum versandt.

AUS DEM EVANGELIUM NACH Matthäus

20:1 Denn mit dem Himmelreich ist es wie mit einem Gutsbesitzer, der früh am Morgen sein Haus verließ, um Arbeiter für seinen Weinberg anzuwerben.
20:2 Er einigte sich mit den Arbeitern auf einen Denar für den Tag und schickte sie in seinen Weinberg.
20:3 Um die dritte Stunde ging er wieder auf den Markt und sah andere dastehen, die keine Arbeit hatten.
20:4 Er sagte zu ihnen: Geht auch ihr in meinen Weinberg! Ich werde euch geben, was recht ist.
20:5 Und sie gingen. Um die sechste und um die neunte Stunde ging der Gutsherr wieder auf den Markt und machte es ebenso.
20:6 Als er um die elfte Stunde noch einmal hinging, traf er wieder einige, die dort herumstanden. Er sagte zu ihnen: Was steht ihr hier den ganzen Tag untätig herum?
20:7 Sie antworteten: Niemand hat uns angeworben. Da sagte er zu ihnen: Geht auch ihr in meinen Weinberg!
20:8 Als es nun Abend geworden war, sagte der Besitzer des Weinbergs zu seinem Verwalter: Ruf die Arbeiter und zahl ihnen den Lohn aus, angefangen bei den letzten, bis hin zu den ersten.
20:9 Da kamen die Männer, die er um die elfte Stunde angeworben hatte, und jeder erhielt einen Denar.
20:10 Als dann die ersten an der Reihe waren, glaubten sie, mehr zu bekommen. Aber auch sie erhielten nur einen Denar.
20:11 Da begannen sie, über den Gutsherrn zu murren,
20:12 und sagten: Diese letzten haben nur eine Stunde gearbeitet, und du hast sie uns gleichgestellt; wir aber haben den ganzen Tag über die Last der Arbeit und die Hitze ertragen.
20:13 Da erwiderte er einem von ihnen: Mein Freund, dir geschieht kein Unrecht. Hast du nicht einen Denar mit mir vereinbart?
20:14 Nimm dein Geld und geh! Ich will dem letzten ebenso viel geben wie dir.
20:15 Darf ich mit dem, was mir gehört, nicht tun, was ich will? Oder bist du neidisch, weil ich (zu anderen) gütig bin?
20:16 So werden die Letzten die Ersten sein und die Ersten die Letzten.

- Beschreiben Sie, wie sich Arbeitswelt und Gesellschaft verändern müssen, damit Jugendliche eine berufliche Perspektive haben.
- Deuten Sie die Aussage von Bischof Reinhard Lettmann, „er wünsche jedem Jugendlichen, dass er sich nie ganz verlassen fühle“.
- Welche Auswirkungen kann das Gefühl von „Verlassenheit“ bei Jugendlichen haben?
- Diskutieren Sie das Handeln des Gutsbesitzers im Evangelium nach Matthäus.
- Welche Hoffnung spricht aus dem Matthäus-Text?
- Beschreiben Sie, wie der Arbeitsmarkt aussähe, wenn das Modell des Gutbesitzers in unserer Gesellschaft eingeführt würde.

Girls'Day

Girls'Day
Mädchen-Zukunftstag

- Nennen Sie Motive, warum junge Frauen noch selten die Ausbildung in bisher so genannten „Männerberufen" wagen.
- Finden Sie Argumente für eine Ausbildung in diesen Berufen.
- Informieren Sie sich im Internet über Projekte und Ziele des Girls'-Day: www.girls-day.de Vielleicht beteiligt sich der Ausbildungsbetrieb am kommenden Girls'Day?

Das Projekt Girls'Day – Mädchen-Zukunftstag bietet Schülerinnen Einblick in Berufsfelder, die Mädchen im Prozess der Berufsorientierung nur selten in Betracht ziehen. In erster Linie bieten technische Unternehmen und Abteilungen sowie Hochschulen, Forschungszentren und ähnliche Einrichtungen am Girls'Day Veranstaltungen für Mädchen an. Anhand praktischer Beispiele erleben die Teilnehmerinnen in Laboren, Büros, Werkstätten und Redaktionsräumen, wie interessant und spannend diese Arbeit sein kann. Durch persönliche Gespräche mit Beschäftigten können die Mädchen ihren Erfahrungs- und Orientierungshorizont erweitern. Ziel des Girls'Day ist es, Kontakte herzustellen, die für die berufliche Zukunft der Mädchen hilfreich sein können. Auch geht es darum, die Öffentlichkeit und Wirtschaft auf die Stärken der Mädchen aufmerksam zu machen, um einer gut ausgebildeten Generation junger Frauen weitreichende Zukunftsperspektiven zu eröffnen. Unternehmen, die erfolgreich spezielle „Mädchen-Tage" realisierten, verzeichnen einen steigenden Anteil junger Frauen in technischen und techniknahen Berufen.
So fand der Girls'Day – Mädchen-Zukunftstag am 27. April 2006 statt. Auch in diesem Jahr wurde mit über 7 000 Veranstaltungen und über 120 000 Plätzen für Mädchen bundesweit ein erneuter Beteiligungsrekord erreicht.

22 MÄDCHEN SCHAUTEN MECHATRONIKERN AM FLUGHAFEN MÜNCHEN AUF DIE FINGER

Anlässlich des Mädchen-Zukunftstages „Girls-Day" legten 22 Mädchen aus München und der Region eine Zwischenlandung am Airport ein, um das Berufsbild der Mechatronikerin kennen zu lernen. Die 18-jährige Auszubildende Constanze Koch, die das erste Lehrjahr absolviert, und ihre elf männlichen Kollegen erklärten den Mädchen anhand von Prüfungsgeräten beispielsweise Grundlagen der Metallbearbeitung.
„Mir macht die Arbeit sehr viel Spaß", warb Constanze Koch bei den möglichen Mechatronikerinnen von Morgen für ihren Beruf. „So ein typischer Männerjob ist auch für Mädchen sehr interessant. Vor allem, weil er sehr abwechslungsreich ist und man richtig zupacken kann", ermutigte die Auszubildende die jungen Frauen. Der Münchner Flughafen beteiligte sich zum vierten Mal am Girls'Day und hatte dazu in die Lehrwerkstatt für Mechatroniker eingeladen.
Dass Frauen als Maschinenbauerinnen, Elektrotechnikerinnen, Datenbankentwicklerinnen oder in anderen so bisher genannten Männerberufen nur selten zu finden sind, liegt nicht am fehlenden Technik-Verständnis der Mädchen – ganz im Gegenteil: Die Mädchen weisen in den naturwissenschaftlichen Schulfächern meist bessere Noten auf als ihre männlichen Mitschüler.

Immer funktionieren?

VERSÄUMT

Zur Arbeit ist kein Bub geschaffen,
Das Lernen findet er nicht schön;
Er möchte träumen, möchte gaffen
Und Vogelnester suchen gehn.

Er liebt es, lang im Bett zu liegen.
Und wie es halt im Leben geht:
Grad zu den frühen Morgenzügen
Kommt man am leichtesten zu spät.

Wilhelm Busch

LEICHENREDE

welche wohltat
einmal sagen zu dürfen:
nein er war nicht tüchtig
und wechselte oft die stelle
nein er war nicht fleißig
und arbeitete nur
sofern es nicht anders ging

sonst aber
las er lieber SPORT oder PLAYBOY
setzte sich nachmittags
schon ins kino (Eddie Constantine
war sein liebling)
schlürfte cognacs in straßencafes
meditierte die anmut der frauen
oder die tauben am turm

im frühling fuhr er
durch zart- und frechgrünes land
den sommer verlag er
gut geölt und behaglich
im schwimmbad
später im herbst dann streifte er
manchen stillen waldrand entlang
ehe er für den winter
eine beschäftigung suchte
und eine freundin
weil er die festferientage
nicht allein zu verbringen liebte

welche wohltat
in einer welt
die vor tüchtigkeiten
aus den fugen gerät:
ein mann der sich gute tage
zu machen wusste
ehe nach einigen bösen
jetzt
der letzte Tag für ihn kam

Kurt Marti

- Setzen Sie für „träumen, gaffen, Vogelnester suchen“, das ein, was Sie am liebsten tun.
- Schreiben Sie ein Gegengedicht mit dem Zeilenbeginn „Zur Arbeit ist der Bub geschaffen …“ und finden Sie eine passende Überschrift.
- Stellen Sie das Gedicht von Wilhelm Busch und das beste Gedicht aus Ihrer Klasse gegenüber.
- Diskutieren Sie die Hauptunterschiede.
- Was mögen Sie am Mann aus Kurt Martis Gedicht, was nicht?
- Diskutieren Sie das Leistungsprinzip in unserer Gesellschaft.

TIPP
Faulenzen Sie mal wieder!

Beruf Hausfrau

Eine Frau gehört an den Herd! *Ich bin nur Hausfrau!*

Ich bin gerne Hausfrau! *Hausfrau allein füllt mich nicht aus!*

Das bisschen Haushalt macht sich von allein
sagt mein Mann.
Das bisschen Haushalt kann so schlimm nicht sein
sagt mein Mann.
Wie eine Frau sich überhaupt beklagen kann
ist unbegreiflich – sagt mein Mann.
Das bisschen Kochen ist doch halb so wild
sagt mein Mann.
Was für den Abwasch ganz genauso gilt
sagt mein Mann.
Wie eine Frau von heut darüber stöhnen kann
ist ihm ein Rätsel – sagt mein Mann.
Und was mein Mann sagt
stimmt haargenau.
Ich muss das wissen
ich bin ja seine Frau!
Das bisschen Wäsche ist doch kein Problem
sagt mein Mann.
Und auch das Bügeln schafft man ganz bequem
sagt mein Mann.
Wie ein Frau von heut da gleich verzweifeln kann
ist nicht zu fassen – sagt mein Mann.
Und was mein Mann sagt
stimmt haargenau.
Ich muss das wissen
ich bin ja seine Frau!
Das bisschen Garten
oh wie wohl das tut
sagt mein Mann.
Das Rasenschneiden ist für den Kreislauf gut
sagt mein Mann.
Wie eine Frau von heut das nicht begreifen kann
ist unverständlich – sagt mein Mann.
Er muss zur Firma gehn
tagein
tagaus
sagt mein Mann.
Die Frau Gemahlin ruht sich aus zu Haus
sagt mein Mann.
Dass ich auf Knien meinem Schöpfer danken kann
wie gut ich's habe – sagt mein Mann.
Dass ich auf Knien meinem Schöpfer danken kann …

Johanna von Koczian

Vorurteile

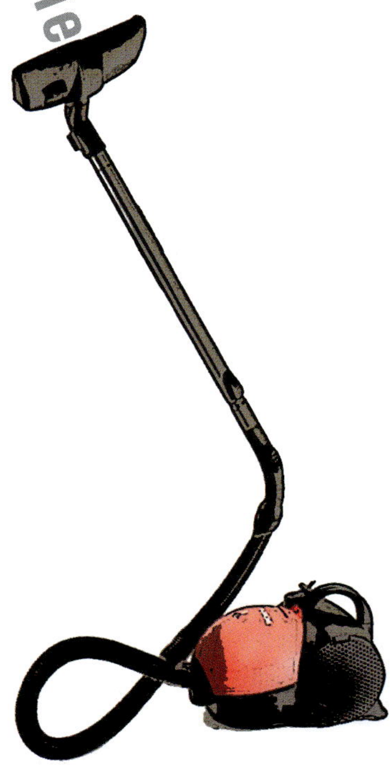

- Beschreiben Sie in Tagebuchform die Woche einer Hausfrau mit zwei Kindern.
- Vergleichen Sie diesen Ablauf mit dem tatsächlichen Wochengeschehen einer Hausfrau, die Sie befragen (Mutter, Tante, Nachbarin …).
- Tragen Sie die Ergänzungen in Ihre Tagebuchnotizen ein und bewerten Sie die geleistete Hausfrauen-Arbeit.
- Berechnen Sie, wie diese Arbeit zu entlohnen wäre.
- Diskutieren Sie in einer Pro-und-Contra-Debatte ein vom Staat zu bezahlendes Grundgehalt für Hausfrauen.
- Befragen Sie einen (Kommunal-) Politiker, warum die Familienarbeit nicht im Bruttosozialprodukt berücksichtigt wird.
- Entwickeln Sie einen Fragebogen und machen Sie eine Umfrage, wie Männer Hausfrauenarbeit bewerten.
- Zeigen Sie Parallelen und Unterschiede zum Liedtext von Johanna von Koczian auf.

TIPP
Wenn Sie männlich sind: Übernehmen Sie in den Ferien einen Tag lang die Hausfrauenrolle.

LKW-Lebenskünstler Walter

INTERVIEW MIT WALTER

Zu Ihrer Person, Walter.

Ich bin 40 Jahre alt, wohne mit meinen beiden Mädels zusammen in einer 60-Quadratmeter-Wohnung in der Stadt. Die Wohnung habe ich selbst hergerichtet. Die sah vorher aus wie nach dem Krieg.

Wie alt sind Ihre Töchter?

Die Große ist 16, die Kleine 13.

Kommen Sie und Ihre Töchter klar mit so einer kleinen Wohnung?

Jedes Mädel hat ein Zimmer, ich schlafe auf dem Sofa im Wohnzimmer.

Gibt es auch eine Mutter?

(Walter schmunzelt) Schon, ich bin seit drei Jahren geschieden, aber die Mädels leben bei mir.

Was machen Sie beruflich?

Ich bin gelernter Lagerist, fahre aber seit 22 Jahren LKW.

Beschreiben Sie Ihren Arbeitstag.

Zwischen 4.30 Uhr und 5.30 Uhr stehe ich auf, dann werden den ganzen Tag Entsorgungsgüter bei den Kunden abgeholt, die werden dann in der Firma abgeladen und fachgerecht entsorgt. So geht das den ganzen Tag. Beim Beladen muss ich kräftig zupacken, das ist körperlich recht anstrengend, zumal ich letztes Jahr einen Bandscheibenvorfall hatte. Aber da denkt man nicht darüber nach, das machst du einfach. Schluss ist immer zwischen 17.00 und 19.00 Uhr. Ich erledige meine Arbeit in vier Tagen. Einen Tag gehe ich noch zu Claus, einem Steinmetz, der hat mir Arbeit auf 400 Euro-Basis gegeben. Sonst komm ich mit meinen Mädels nicht über die Runden.

Gefällt Ihnen Ihr Beruf?

Sehr, weil du dein eigener Herr bist, du hast Eigenverantwortung und du entscheidest den Tagesablauf. Als LKW-Fahrer hast du eine gewisse Freiheit. Ich war mal kurze Zeit als Disponent im Büro, da kam ich mir vor wie in einem Käfig.

Trotz Scheidung und hartem Berufsleben machen Sie einen zufriedenen Eindruck.

Manchmal gings mir richtig dreckig, aber ich habe meine Mädels und denen bin ich's auch schuldig, dass es weitergeht. Und als Ausgleich habe ich meine Musik, da spiele ich Saxophon. Ich bin da auch im Verein als Schriftführer. Das ist meine zweite Familie, mein Ruhepol, ich werde da akzeptiert, wie ich bin.

Haben Sie weitere Hobbys?

Ich sammle Engel in jeder Form: Bilder, Figürchen und so.

Würden Sie sich als gläubigen Menschen bezeichnen?

(Walter überlegt länger) Jeder glaubt – aber was aus mir wird, das muss ich selbst machen!

- Würden Sie Walters Arbeit machen? Begründen Sie Ihre Entscheidung.
- Scheidungen sind keine Einzelfälle. Beschreiben Sie, was eine Trennung für Sie bedeuten würde. Was würde Ihnen Kraft geben, eine Trennung zu überwinden?
- Beschreiben Sie, woraus Walter seine Kraft schöpft. Diskutieren Sie Möglichkeiten, auch zu anstrengenden Berufen einen Ausgleich zu finden.

Beruf und ... Freizeit

„Guten Tag“, sagte der kleine Prinz.
„Guten Tag“, sagte der Händler. Er handelte mit höchst wirksamen, Durst stillenden Pillen. Man schluckt jede Woche eine und spürt überhaupt kein Bedürfnis mehr zu trinken.
„Warum verkaufst du das?“, sagte der kleine Prinz.
„Das ist eine große Zeitersparnis“, sagte der Händler. „Die Sachverständigen haben Berechnungen angestellt. Man spart dreiundfünfzig Minuten in der Woche.“ „Und was macht man mit diesen dreiundfünfzig Minuten?“ „Man macht damit was man will ...“
„Wenn ich dreiundfünfzig Minuten übrig hätte“, sagte der kleine Prinz, „würde ich gemächlich zu einem Brunnen laufen ...“

Antoine de Saint-Exupéry

AUS DEM BUCH Kohelet
3:1 Alles hat seine Stunde. Für jedes Geschehen unter dem Himmel
gibt es eine bestimmte Zeit:
3:2 eine Zeit zum Gebären und eine Zeit zum Sterben, eine Zeit zum
Pflanzen und eine Zeit zum Abernten der Pflanzen,
3:3 eine Zeit zum Töten und eine Zeit zum Heilen, eine Zeit zum
Niederreißen und eine Zeit zum Bauen,
3:4 eine Zeit zum Weinen und eine Zeit zum Lachen, eine Zeit für die
Klage und eine Zeit für den Tanz;
3:5 eine Zeit zum Steinewerfen und eine Zeit zum Steinesammeln, eine
Zeit zum Umarmen und eine Zeit, die Umarmung zu lösen,
3:6 eine Zeit zum Suchen und eine Zeit zum Verlieren, eine Zeit zum
Behalten und eine Zeit zum Wegwerfen,
3:7 eine Zeit zum Zerreißen und eine Zeit zum Zusammennähen, eine
Zeit zum Schweigen und eine Zeit zum Reden,
3:8 eine Zeit zum Lieben und eine Zeit zum Hassen, eine Zeit für den
Krieg und eine Zeit für den Frieden.

- Erstellen Sie eine Klassenstatistik über Ihre Freizeitbeschäftigungen.
- Erklären Sie, warum das Treffen mit Freunden immer beliebter wird.
- Zeigen Sie sinnvolle Alternativen zu den empirisch erfassten beliebtesten Freizeitbeschäftigungen in Deutschland auf: Musik hören und Fernsehen.
- Was machen Sie mit 53 Minuten? Gestalten Sie Ihre Antwort kreativ: als Gedicht, Erzählung, Bild, Songtext ...
- Recherchieren Sie zum Begriff „Muße“.

Freizeit – Kaufzeit

KONSUM IST GEIL!

Deutsche Teenies sind im Kaufrausch! Die Sneakers mit dem Mode-Label einer amerikanischen Sängerin, der neue Trend-Duft Marke Teuer oder die neuste Errungenschaft auf dem Musikmarkt … Was gerade hip und teuer ist, zieht die Jugendlichen an. Herablassende Blicke ernten Kids, die Kleidung aus dem neuesten Discounter-Prospekt tragen. Billigläden sind out bei deutschen Trendsettern unter 18 – koste es, was es wolle.
Trotz allgemein schlechter wirtschaftlicher Lage geben deutsche Teenager immer mehr aus. 2004 gingen Waren im Wert von rund 19,8 Milliarden Euro über den Ladentisch. Das sind 16 Prozent mehr als im Jahr zuvor. Besonders die Kosten fürs Handy belasten den Geldbeutel vieler Jugendlicher. Spitzenreiter unter den Ausgaben ist der Bekleidungssektor: 3,4 Milliarden Euro waren die Teenies 2004 bereit, für die schickste Jeans, den hippsten Pullover oder die coolsten Turnschuhe zu zahlen. Dazu kamen 2,3 Milliarden Euro für Disco- oder Barbesuche.
Die Plätze vier bis neun belegten Musik, Getränke, Eintrittskarten, Imbissbuden/Fast Food, Körperpflege/Kosmetik und der Computer. Abgeschlagen auf Platz zehn finden sich mit 880 Millionen Euro die Ausgaben fürs eigene Hobby.
Deutsche Teenies sind im Geldrausch! Viele von ihnen haben ihr Kaufverhalten gar nicht mehr unter Kontrolle und erliegen den Versuchungen des Marktes. Was dafür verantwortlich ist? Das fragt sich auch die Wissenschaft und kommt zu unterschiedlichen Ergebnissen. Ein Grund für den zunehmenden Konsum wird in der allgegenwärtigen Werbung gesehen. Auf Schritt und Tritt verfolgt sie jede/n von uns und erreicht uns beim Fernsehen, beim Radiohören, wenn wir Zeitschriften durchblättern, an der Litfaßsäule oder als Werbebanner oder PopUp im Internet. Dargestellt wird die heile Welt, in der man gerne leben würde. Die Vorstellung, dass mit dem Kauf alles gut wird, sorgt für den nötigen Kaufanreiz und das Gefühl, selbst an dieser (Traum-) Welt teilhaben zu können. Ewig schön, ewig jung, ewig gesund. Aber auch Frust, das Buhlen um Anerkennung oder starker Gruppenzwang führen zu gesteigertem Kaufverhalten.
Klar, wer hat nicht schon mal nach einer verkorksten Mathearbeit aus Frust eingekauft oder sich für eine gute Zensur mit einem Eis belohnt? Das ist auch völlig okay. Problematisch wird es, wenn schlechte Noten das eigene Selbstwertgefühl zerstören und es mit dem Kauf von Statussymbolen aufpoliert werden soll. Doch der Auftritt mit den neuen Klamotten oder dem Wahnsinnshandy ist bald vergessen, und dann zählt wieder, was man wirklich kann. Das ist auch in der Clique nicht anders. Doch echte Freundschaft ist mehr: Da bringt jede und jeder das ein, was sie oder ihn als Person auszeichnet. Und genau das lässt sich nicht kaufen …

- Berechnen Sie Ihre monatlichen Ausgaben.
- Worin sieht der Autor den Grund für das Konsumverhalten?
- Erinnern Sie sich an die letzten 14 Tage: Wo lagen die Motive für Ihren Konsum?
- Würden Sie sich für einen Luxusartikel verschulden?

TIPP

Notieren Sie bei Ihren nächsten Einkäufen, was Sie gern haben wollen, sich aber nicht leisten können.
Prüfen Sie nach acht Wochen, welche Wünsche noch aktuell sind.

Wertewandel in der Arbeit

VOM FLUCH ZUM SEGEN?

Im Altertum galt die Arbeit als unrein, menschenunwürdig und tierisch. Als frei galt der Mensch nur dann, wenn er andere für sich arbeiten lassen konnte. Auch die Germanen hielten nicht viel von mühevoller Arbeit. Sie schätzten z. B. den schlauen und verschlagenen Gott Odin weit mehr als Thor, den Schutzgott der Bauern.
Als einziges Volk des Mittelmeerraumes hatten die Juden eine positive Einstellung zur Arbeit entwickelt, die vom Christentum übernommen und verbreitet wurde. Besonders ausführlich geht die Bibel auf das Thema Arbeit nicht ein, aber es ist positiv dargestellt: Bei der Erschaffung der Menschen gibt Gott ihnen den Auftrag, die Erde zu bebauen und zu hüten (Gen 2). In der Arbeit sind die Menschen ein Abbild des schöpferischen Gottes. Erst nach der Trennung von Gott wird die Arbeit zur Last und zum Fluch: „Im Schweiße deines Angesichtes sollst du dein Brot essen" (Gen 3,19). Zugleich betonten Juden und Christen den Segen der Arbeit und die Schande des Nichtstuns für das wirtschaftliche und religiöse Wohlergehen. Richtig ernst genommen wurde diese Arbeitsauffassung erst in den mittelalterlichen Klöstern, z. B. in dem Leitspruch der Benediktiner: „Bete und arbeite." Arbeit war Mittel zum Lebensunterhalt und zugleich Übung geistiger Selbstzucht. Der wirtschaftliche Erfolg und damit der Luxus ließ die Ordensleute immer unglaubwürdiger werden. Eine Antwort darauf hatten die „Bettelorden", wie z. B. die Franziskaner: Sie ließen die Hände von der Wirtschaft. Reichtum wurde eher als Ablenkung und Erschwernis auf dem Weg zu Gott gesehen: „Eher geht ein Kamel durch ein Nadelöhr, als dass ein Reicher in das Reich Gottes gelangt ..." Reiche Herren, Klöster und Städte unterstützten Bettler, um an ihnen großzügige Nächstenliebe zu praktizieren und sich so den Himmel zu verdienen. Der Schaffensdrang des Volkes war bei 156 vorgeschriebenen Feiertagen im Jahr (ohne den „blauen Montag" der Handwerker) gering, und es blieb kaum Zeit für wirtschaftlichen Ehrgeiz. Eine strenge Arbeitsauffassung gab es im Handwerk, wo sorgfältige Arbeit die gesellschaftliche Stellung und das Ansehen des Meisters und der ganzen Zunft begründete.

Die Reformation im 16. Jahrhundert wendete sich gegen „unnütze" Feiertage und überflüssige Pracht: Alles wurde auf seinen Zweck hin hinterfragt, rationalisiert. Jeder sollte nun bescheiden und fleißig wie die Mönche arbeiten. Wurde man dabei reich, so durfte das Geld nicht sinnlos verprasst werden.
Die heutige katholische Soziallehre verbindet den Wert der Arbeit mit der Würde der Menschen, die zur Selbstentfaltung, zur Solidarität und zur Bewahrung der Schöpfung aufgerufen sind.

Arbeit heute

Alexander Calvelli, Kokerei Kaiserstuhl, Dortmund, 2001

- Schreiben Sie zum Bild einen „inneren Monolog“ aus der Perspektive des Arbeiters: Was bewegt wohl den Mann am Arbeitsplatz? Was sind seine Träume und Hoffnungen?
  Wie bewertet er seine Arbeit?
- Geben Sie anhand einer Bilderausstellung „Arbeit heute“ Einblicke in den Berufsalltag in unserer Gesellschaft.

Arbeitslosigkeit

DER FALL ANDREAS

Wie sieht Andreas P's Leben ohne Arbeit aus?

Andi ist 25. Er hat in einer kleinen Reparaturwerkstatt eine Ausbildung als Kfz-Mechaniker gemacht. Nach der zehnten Klasse ist er von der Schule abgegangen. „Ich hatte die Nase voll von der ewigen Lernerei. Die Penne hing mir zum Halse raus. Ich wollte praktisch arbeiten und endlich Geld verdienen."

Der Zivildienst kam direkt nach der Ausbildung. Andi hatte Glück, und er konnte in seinem alten Ausbildungsbetrieb als Geselle weiterarbeiten. Er hatte kein allzu gutes Verhältnis zu seinem Chef, aber er war froh, überhaupt einen Arbeitsplatz zu haben. Nach zwei Jahren wurde Andi gekündigt. „Am Anfang war das mit der Arbeitslosigkeit ja noch nicht so schlimm. Im Gegenteil, ich hatte ein bisschen gespart; und 'ne Zeitlang mal gar nichts zu tun, war ganz cool. Doch als meine Ersparnisse aufgebraucht waren und ich nur noch von der Stütze leben musste, da wurde es ganz schön eng. Wohnung, Auto, Freundin, mal in den Urlaub fahren: Das war finanziell nicht mehr zu machen.

Zurück zu meinen Eltern wollte ich nicht. Die haben mir eh immer nur Vorwürfe gemacht: „Hätteste man das Abi gemacht oder dich im Beruf weiterentwickelt ..." Und mein Vermieter, der wollte natürlich regelmäßig die Miete sehn. Der hatte kein Verständnis, wenn ich mit der Kohle nicht rüberkam. Irgendwann fing ich dann das Saufen an. Und dann war auch ganz schnell die Wohnung weg.

Mittlerweile lebe ich bei meiner neuen Freundin und liege ihr auf der Tasche. Nicht, dass ich nichts für sie tue; ich mache den Haushalt und halte die Wohnung in Schuss. Aber ansonsten ist mein Leben ziemlich trostlos. Wenn Elke von der Arbeit kommt und mich fragt, wie mein Tag gewesen ist, dann zucke ich nur mit den Schultern. Was hab ich schon zu erzählen. Mit meinen Kumpeln ist es genauso. Die sehe ich überhaupt nicht mehr.

Aber am schlimmsten ist das mit dem Job. Meine Hoffnung auf eine Stelle als Kfz-Mechaniker geht gegen Null. Mein Abschluss damals war nicht so doll. Ich hätte wohl mehr tun sollen; Weiterbildung und so. Wahrscheinlich bin ich selber Schuld."

- Skizzieren Sie Andreas' Leben mit den wichtigsten Stationen.
- Beschreiben Sie sein Leben ohne Arbeit:
  - die gesellschaftlichen Folgen,
  - die Folgen für Familie und Freunde,
  - die psychischen Folgen.
- Diskutieren Sie in der Kleingruppe die Chance, allein aus dieser Situation herauszukommen, und entwickeln Sie Tipps für Andreas.

TIPP

Gestalten Sie im Unterricht ein Programm, das es ermöglicht, mit jungen Arbeitslosen in Kontakt zu kommen und sie in die Freizeitaktivitäten Ihres Freundeskreises zu integrieren.

Arbeitslosigkeit und Kirche

WAS KIRCHENGEMEINDEN TUN KÖNNEN

- sich Zeit nehmen
- viel Geduld und einen langen Atem für arbeitslose Menschen haben
- Klagen ertragen
- die Menschen ohne Arbeit in ihrer Not verstehen
- die verschiedenen Schicksale sehen
- seelsorgerisch begleiten, damit die Menschen ihre Würde wiederfinden
- gemeinsam über Fähigkeiten, Neigungen und Wünsche sprechen
- konkrete Hilfe anbieten
- mit dem Ehepartner, der Lebensgefährtin sprechen
- gemeinsam beten
- über Krankheit und Schulden sprechen
- Ängste nehmen
- Orte der Besinnung schaffen
- Möglichkeiten zur Beschäftigung suchen
- bei der Bewerbung helfen
- zum Gottesdienst einladen
- zum Gemeindefest einladen
- Hausbesuche machen
- Kontakte herstellen
- Arbeitsplätze schaffen
- freundlich und offen sein

In der Diözese Rottenburg-Stuttgart wurde das Diözesanprojekt „Arbeitslosigkeit und Kirche" gegründet. Dort werden Informationen gebündelt und weitergegeben, um arbeitslosen Menschen Hilfestellung zu geben.

PATENSCHAFTEN FÜR ARBEITSLOSE JUGENDLICHE

Die Caritas Ost-Württemberg ist seit Mai 2000 Träger des Projektes „Patenschaften für arbeitslose Jugendliche". Dieses Projekt wurde im Rahmen der Agenda 21 entwickelt und in enger Zusammenarbeit mit Vertretern aus dem verschiedenen Jugendhäusern, dem Sozialamt, dem „Bündnis für Arbeit" sowie dem Katholischen Dekanat Schwäbisch Gmünd ins Leben gerufen.

Ziel des Projektes ist es

- Frauen und Männer zu finden, die als „Patin/Pate" Jugendliche bei der Arbeits- und Ausbildungsplatzsuche unterstützen und sie während der Ausbildungszeit vermittelnd begleiten,
- Jugendlichen dieses Hilfsangebot bekannt zu machen und sie zu motivieren, sich auf solch eine Hilfe einzulassen,
- in christlichen Gemeinden Verständnis für diese Jugendlichen zu wecken und nach zusätzlicher Hilfe Ausschau zu halten,
- im Rahmen des bürgerschaftlichen Engagements Ressourcen aufzuspüren und diese für die Jugendlichen zu nutzen.

- Nehmen Sie Kontakt mit Ihrer Kirchengemeinde auf und erkundigen Sie sich über dieses oder ähnliche Projekte, die Arbeitslose unterstützen.
- Führen Sie Interviews, welche konkreten Hilfen die Diözesen anbieten.
- Stellen Sie an Fallbeispielen die kirchliche Arbeit vor.

Globalisierung

Johannes Rau (1931-2006), Bundespräsident von 1999-2004

GLOBALISIERUNG? CHANCE, NICHT SCHICKSAL

Es hat mit Globalisierung zu tun, wenn sich junge Leute, die durch die Anden wandern, aus dem Internetcafe in Quito bei ihren Eltern in Oberursel melden und mal eben per E-Mail die ersten digitalen Fotos schicken. Es hat mit Globalisierung zu tun, wenn wir vom PC aus unseren Urlaub buchen und wenn Studenten sich aus dem Internet Material aus Amerika für ihre Hausarbeit holen. Es hat mit Globalisierung zu tun, wenn in dem Auto, das wir kaufen, die Teile aus vielen Ländern kommen, wenn also das „Made in Germany" manchmal nur noch für die Idee, für die Endmontage oder für den Namen steht. Es hat mit Globalisierung zu tun, wenn Menschen in aller Welt am 11. September live miterleben mussten, wie das World Trade Center 3 000 Menschen unter sich begrub. Es hat mit Globalisierung zu tun, wenn aus abgelegenen Berghöhlen ein Verbrechen geplant und gesteuert wird, das die ganze Welt erschüttert.

Die Globalisierung ist noch gar nicht so global, wie sie sich anhört:

In den ärmsten Staaten der Welt leben heute 40 Prozent aller Menschen, ihr Anteil am Welthandel liegt unter drei Prozent. Über drei Viertel des Welthandels hingegen entfallen auf knapp 16 Prozent der Weltbevölkerung. Über 80 Prozent der Direktinvestitionen konzentrieren sich auf nur zehn Länder. In Afrika leben dreizehn Prozent der Weltbevölkerung; sie haben aber nur 0,3 Prozent aller Internetanschlüsse. Da gibt es nichts herumzureden: Bisher droht die Globalisierung den Globus zu zerstückeln. Wir können den Markt niemals allein von seinen beeindruckenden Ergebnissen für die Gewinner her beurteilen. Wir müssen immer auch fragen, wie diese Ergebnisse zustande gekommen sind. Eine Politik der Freiheit wird nur dann auch wirtschaftlich überzeugen, wenn sie Menschen befreit von Ausbeutung, aus Armut und Überschuldung, wenn sie für gleiche Chancen sorgt, wenn sie zu gegenseitigem Respekt beiträgt und wenn sie alle teilhaben lässt an dem, was den Globus bewegt. Um nicht mehr und nicht weniger als um eine solche freiheitliche Ordnung geht es.

Jeder von uns kann etwas tun. Jeder kann zu einem fairen Welthandel beitragen. Das scheint naiv, aber es gibt gute Beispiele dafür. Viele Verbraucherinnen und Verbraucher kaufen fair gehandelten Kaffee, Orangensaft und Kakao. Waren mit Transfair-Siegeln brachten im vergangenen Jahr in Deutschland einen Umsatz von 53 Millionen Euro. Beim Kaffee liegt ihr Marktanteil nur bei einem Prozent, bei Tee nur bei 2,5 Prozent. Da ist wahrlich noch viel Spielraum nach oben. Ein anderes Beispiel ist das Warenzeichen „Rugmark", das garantiert, dass ein Teppich nicht von Kindern geknüpft worden ist.

Für einen fairen Welthandel haben sich schon früh die christlichen Kirchen eingesetzt. Dafür möchte ich ihnen danken. Kirchen wirken weltweit und sind gleichzeitig in Gemeinden und Gemeinschaften verwurzelt. Sie geben vielen Menschen Heimat und den Blick für die Nöte der Welt. Beides brauchen wir gerade in Zeiten der Globalisierung.

Ich wiederhole: Viele Menschen verbinden mit dem Wort Globalisierung Sorgen und Ängste. Wir können die Globalisierung als Chance nutzen, wenn wir sie nicht als Schicksal hinnehmen, sondern als politische Aufgabe entdecken und ernst nehmen. Die Globalisierung ist eine Chance, wenn wir uns am Leitbild der Freiheit und Gleichheit aller Menschen orientieren. Die Globalisierung ist eine Chance, wenn Menschen unterschiedlicher Kulturen einander achten.

Johannes Rau, „Berliner Rede" des Bundespräsidenten im Museum für Kommunikation Berlin, 13. Mai 2002

- Welche Beispiele für Globalisierung werden genannt?
- Nennen Sie weitere Beispiele.
- Mit welchen Argumenten untermauert Johannes Rau seine These: „Die Globalisierung ist noch gar nicht so global, wie sie sich anhört."
- Was können Sie tun, um fairen Welthandel zu unterstützen? Welche Ihrer Ideen werden Sie in die Tat umsetzen?
- Beschreiben Sie die Chancen der Globalisierung.

Welchen Kaffee würde Jesus trinken?

GLOBALISIERUNG

Globalisierung heißt der sich zum Ende des 20. Jahrhunderts immer rascher vollziehende Prozess des „Zusammenwachsens" der Welt in politischer, insbesondere aber ökonomischer und sozialer Hinsicht. Voraussetzung hierfür ist die rasante Entwicklung der elektronischen Medien („globales Dorf"), die Nachrichtenübermittlung – und damit z. B. auch finanzielle Transaktionen – in Sekundenschnelle erlaubt. Zur Globalisierung tragen auch der Ausbau der Verkehrswege und die Beschleunigung der Transportmittel bei: Sie ermöglichen die Auslagerung von Produktionsstätten an weit entfernte Standorte. Auch traditionelle industrielle Arbeitsformen verändern sich; an ihre Stelle treten in zunehmendem Maße flexiblere Arbeitsweisen, z. B. Bildschirmarbeit. Bedenkliche Tendenzen dieser Entwicklung zeigen sich, insofern sich auch viele negative Ereignisse nicht mehr auf ein kleines Umfeld beschränken lassen, sondern sich zunehmend weltweit auswirken (Arbeitsbedingungen, Umweltkatastrophen, Börsencrashs, Klimaveränderungen).

TRANSFAIR

1992 startete der gemeinnützige Verein seine Arbeit mit dem Ziel, benachteiligte Produzentenfamilien in Afrika, Asien und Lateinamerika zu fördern und durch den fairen Handel ihre Lebens- und Arbeitsbedingungen zu verbessern (Fairtrade). TransFair handelt nicht selbst mit Waren. Der Verein vergibt vielmehr sein Siegel für fair gehandelte Produkte. TransFair ist also keine Marke, sondern zeichnet Produkte mit seinem Siegel aus, die zu festgelegten fairen Bedingungen gehandelt wurden. Zu den Aufgaben gehört die Kontrolle der Fair-Handels-Regeln, das Siegelmarketing, die Bildungs-, Öffentlichkeits- und Lobbyarbeit.

- Recherchieren Sie im Internet, welche Fair-Handel-Produkte angeboten werden.
- Erkundigen Sie sich bei ortsansässigen Geschäften nach diesen Produkten.
- Warum kaufen Sie (Ihre Eltern) bisher keine Fairtrade-Produkte? Erörtern Sie die Gründe.
- Zeichnen Sie einen Comic mit Sprechblasen über ein Gespräch mit einer Kaffeepflückerin.
- Interpretieren Sie die Karikatur.

TIPP
Achten Sie bei Ihren nächsten Einkäufen auf „faire" Produkte.

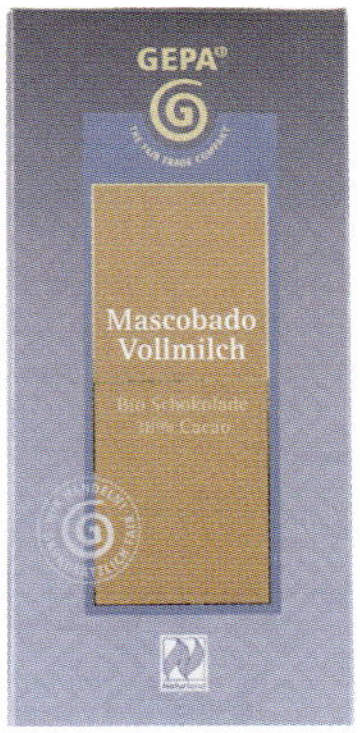

Fair gehandelte Schokolade von GEPA – The Fair Trade Company

Theologische Sicht der Arbeit

AUS DEM BUCH Genesis

2:2 Am siebten Tag vollendete Gott das Werk, das er geschaffen hatte, und er ruhte am siebten Tag, nachdem er sein ganzes Werk vollbracht hatte.
2:3 Und Gott segnete den siebten Tag und erklärte ihn für heilig; denn an ihm ruhte Gott, nachdem er das ganze Werk der Schöpfung vollendet hatte.

AUS DEM BUCH Kohelet

5:9 Wer das Geld liebt, bekommt vom Geld nie genug; wer den Luxus liebt, hat nie genug Einnahmen – auch das ist Windhauch.
5:10 Mehrt sich das Vermögen, so mehren sich auch die, die es verzehren. Was für ein Erfolg bleibt dem Besitzer? Seine Augen dürfen zusehen.
5:11 Süß ist der Schlaf des Arbeiters, ob er wenig oder viel zu essen hat. Dem Reichen raubt sein voller Bauch die Ruhe des Schlafs.
9:7 Also: Iss freudig dein Brot und trink vergnügt deinen Wein; denn das, was du tust, hat Gott längst so festgelegt, wie es ihm gefiel.
9:9 Mit einer Frau, die du liebst, genieß das Leben alle Tage deines Lebens voll Windhauch, die er dir unter der Sonne geschenkt hat, alle deine Tage voll Windhauch. Denn das ist dein Anteil am Leben und an dem Besitz, für den du dich unter der Sonne anstrengst.
9:10 Alles, was deine Hand, solange du Kraft hast, zu tun vorfindet, das tu! Denn es gibt weder Tun noch Rechnen noch Können noch Wissen in der Unterwelt (bei den Toten), zu der du unterwegs bist.

AUS DER Apostelgeschichte

2:44 Und alle, die gläubig geworden waren, bildeten eine Gemeinschaft und hatten alles gemeinsam.
2:45 Sie verkauften Hab und Gut und gaben davon allen, jedem so viel, wie er nötig hatte.
2:46 Tag für Tag verharrten sie einmütig im Tempel, brachen in ihren Häusern das Brot und hielten miteinander Mahl in Freude.

„Gerade in Zeiten eines beschleunigten technischen und ökonomischen Wandels brauchen wir Menschen, die ihr Handeln an grundlegenden Werten orientieren. Wenn der Einzelne immer wieder Neues lernen und sich auf unbekannte Situationen einstellen muss, dann braucht er für seine eigene Lebensorientierung, aber auch für sein grundlegendes Berufsethos verlässliche Leitplanken, die nicht ständig ausgewechselt werden müssen. Ethische Grundorientierungen sind gerade in einer solchen Situation unverzichtbar. Bei dem raschen Verfall des speziellen Wissens ist es gerade notwendig, dass junge Menschen Perspektiven längerfristiger Art für ihr Leben kennen lernen, die ihnen helfen, mitten in vielen Wandlungen ihre Identität zu behalten und neue Entwicklungen einordnen zu können. Sonst werden sie durch den starken Wandel regelrecht aufgefressen und verlieren ihre personale Identität."

Karl Kardinal Lehmann

- Erklären Sie, was Kardinal Lehmann mit „Leitplanken" meint.
- Stellen Sie einen Katalog ethischer Grundorientierungen zusammen, um in der Arbeitswelt bestehen zu können.
- Bilden Sie drei Gruppen und transformieren Sie die Bibel-Texte in eine neuzeitliche Geschichte.
- Gestalten Sie daraus ein Rollenspiel, das Sie in der Klasse aufführen.
- Die Zuschauer erraten die Textgrundlage und diskutieren die Umsetzung.

Arbeitswoche eines Pfarrers

	Sonntag	Montag	Dienstag	Mittwoch	Donnerstag	Freitag	Samstag
Vormittag	Gottesdienst Gottesdienst in der Filialgemeinde	Auseinandersetzung mit dem Predigttext für Sonntag und Vorbereitung der Liturgie Besuch zum 90. Geburtstag eines Gemeindemitgliedes	Besprechung mit der Pfarramtssekretärin Drei Stunden Religionsunterricht (30 km Hin- und Rückweg mit dem Fahrrad – zum Ausgleich)	Vorbereitung des Konfirmandenunterrichts Finanzverwaltung zusammen mit der Kirchenpflegerin Gespräch auf dem Rathaus wegen Kindergartengebühren	Teamsitzung mit dem Kollegen Schreiben des Worts zum Sonntag für die Zeitung Telefongespräch mit dem Oberkirchenrat wegen der Kirchenrenovierung	Drei Stunden Religionsunterricht Schreiben der Mitteilungen für das Stadtjournal Dienstgespräch mit der Leiterin des Kinderhauses	Vorbereitung eines Taufgottesdienstes Besuch zur Goldenen Hochzeit
Nachmittag	Zeit für die Familie	Vorbereitung des Religionsunterrichts Gespräch mit einer Trauerfamilie zur Vorbereitung der Beerdigung	Vortrag in der Altenbegegnungsstätte Krankenabendmahl am Sterbebett (20 km Anfahrt)	Konfirmandenunterricht Supervision für Notfallseelsorger (70 km zu fahren)	Beerdigung Ortstermin mit dem Bauausschuss in der Kirche Geburtstagsbesuch bei einer ehrenamtlichen Mitarbeiterin	Seelsorgegespräch mit einem Familienvater Treffen des Besuchsdienstes für Neuzugezogene	Taufgottesdienst Schreiben der Sonntagspredigt
Abend	In der Nacht Einsatz als Notfallseelsorger bei einem Großbrand	Leitung des Posaunenchors	Kirchengemeinderatssitzung	Taufgespräch Schreiben der Traueransprache für die Beerdigung am Donnerstag	Vortrag beim ökumenischen Bibelabend	Kirchenbezirksausschuss (100 km zu fahren)	Leitung des Gemeindesingens in der Kirche Vorbereitung der Gebete und Bekanntgaben im Gottesdienst

Pfarrer Günzler und „sein" evangelischer Posaunenchor

- Tauschen Sie sich aus, was Sie am Arbeitsalltag des Pfarrers als belastend, was als interessant und einzigartig empfinden.
- Können Sie sich vorstellen, in diesem Beruf zu arbeiten? Begründen Sie in Kurzstatements Ihre Meinung.

TIPP
Besuchen Sie ein Pfarramt und informieren Sie sich über den Berufsalltag eines Pfarrers.

Orientierungswissen 6: Schöpfung und Arbeit

ORIENTIERUNG FÜR MEIN LEBEN

Gerade in der Zeit der Vorbereitung auf das Arbeitsleben und in der Ausbildung rückt das Thema Arbeit an eine zentrale Stelle im Leben. Arbeit gilt heute als Voraussetzung, um am „wirklichen" Leben teilnehmen zu können. Der Verlust von Erwerbsarbeit bedeutet für viele nicht nur ein materielles Problem, sondern auch den Ausschluss vom sozialen Leben. Für das eigene Leben ist es wichtig, ein ausgewogenes Verhältnis zur Arbeit zu bekommen: Sie ist von Bedeutung für das eigene Selbstbewusstsein, aber auch ohne Arbeit verlieren die Menschen nicht ihre Würde.

ORIENTIERUNG FÜR MEIN HANDELN

Durch ihre Arbeit können die Menschen die Welt und das Leben der Gesellschaft mitgestalten. Sie sind daher immer auch Mit-Schöpfer und Mit-GestalterInnen im Schöpfungswerk Gottes. Dies gibt der menschlichen Arbeit Würde und Bedeutung. Auch in den einfachsten Arbeiten, wenn sie sorgfältig und präzise ausgeführt werden, kann diese Würde und Bedeutung zum Ausdruck kommen. Gleichzeitig aber besitzen die Menschen eine personale Würde auch jenseits der Arbeit. Daher ist jede Abwertung von Arbeitslosen ein zentraler Verstoß gegen den Gleichheitsgrundsatz aller Menschen.

ORIENTIERUNG FÜR MEINEN GLAUBEN

Im Gegensatz zu vielen anderen Kulturen und Religionen stellt das Christentum den Wert und die Würde der Arbeit nicht in Frage. Sie rückt die Arbeit aber an vielen Stellen in den Zusammenhang des Schöpfungshandelns Gottes. Der Mensch verdankt sein Leben nicht ausschließlich seinem eigenen Tun: Er hat von Gott eine Würde erhalten, die geschenkt ist und die er nicht selbst erwerben muss. Daher erhält auch der Sonntag als arbeitsfreier Tag eine besondere Bedeutung innerhalb des jüdisch-christlichen Glaubens. Die Gestaltung einer positiven Sonntagskultur ist daher nicht nur ein religiöses Gebot, sondern auch eine menschliche Notwendigkeit – und eine Chance.

TINA UND PAUL

PAUL: *Tina, was ist mit dir los?*

TINA: *Die Welt steht Kopf! Ich bin verliebt!*

PAUL: *Darf man wissen, wer der Auserwählte ist?*

TINA: *Ja, der aus der Parallelklasse, der Große mit den langen Haaren.*

PAUL: *Aaah, über Geschmack kann man streiten.*

TINA: *Du bist ja bloß neidisch.*

PAUL: *Ich bin doch nicht schwul.*

TINA: *Na und, wäre das schlimm?*

PAUL: *Ich weiß nicht – da habe ich mir noch keine Gedanken drüber gemacht.*

TINA: *Der sieht ja so toll aus. Das ist ein Mann!!*

PAUL: *Na, dann werde ich dich heute Abend beim Sport nicht sehen.*

TINA: *Doch, der weiß ja noch gar nichts davon!*

Projektidee

Planen Sie – zusammen mit dem Deutsch- und dem Fremdsprachenunterricht – ein Projekt zum Thema Liebe. Sprachliche Darstellungen finden Sie in Kurzgeschichten, Gedichten und Liedtexten.
Den gesellschaftlichen Umgang mit Liebe und Sexualität können Sie anhand von Werbung, Zeitschriften und Filmen analysieren.
Im Religionsunterricht diskutieren und bewerten Sie die unterschiedlichen Zugänge zu Liebe und Sexualität vor dem Hintergrund christlicher Gebote.

Sex ... ualität

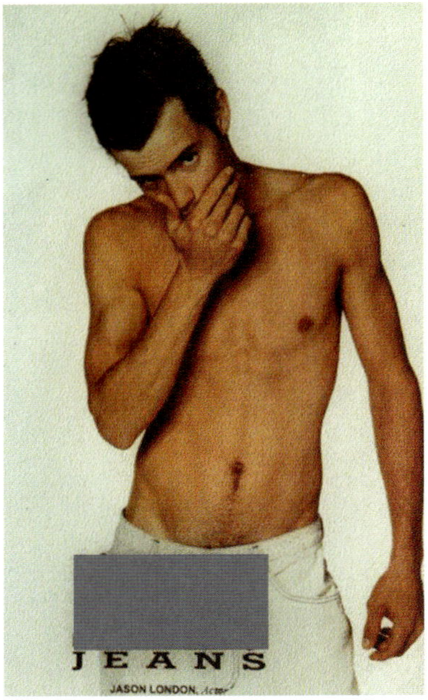

Sex sells!

- In zwei Großgruppen machen Sie ein schriftliches Brainstorming zu den Begriffen Sexualität und Sex. Vergleichen Sie die Ergebnisse der beiden Gruppen.
- Welche Bedeutung hat Sex für Sie?
- Beschreiben Sie, unter welchem Leistungsdruck in Sachen Sex junge Menschen heute stehen.
- Finden Sie Werbung mit sexuellen Motiven und analysieren Sie diese. Wie werden Frauen und Männer dargestellt?

TIPP
Notieren Sie, wo Ihnen im Alltag sexuelle Motive begegnen. Erstellen Sie eine Liste in der Klasse.

Sexualität ist nicht nur ein Teil von uns. Sie prägt unser ganzes Wesen, wir sind sexuelle Wesen. Sexualität drückt sich in der ganzen Bandbreite unserer Möglichkeiten aus: in Worten und Gesten, durch die Sinne, die Hände, durch die Haut und die Geschlechtsorgane. Manche sehen in der Sexualität das bloß Vitale und Animalische; andererseits erkennen wir, dass menschliche Sexualität in allen Kulturen und Religionen durch Erziehung, Riten, Bräuche, Moral und religiöse Tabus Regelungen erfährt. Anders als beim Tier ist Sexualität beim Menschen nur begrenzt durch Instinkte gesteuert und biologisch festgelegt. Der Mensch kann und muss seine Sexualität wahrnehmen, annehmen und gestalten. Anders als beim Tier ist menschliche Sexualität nicht nach dem Modell „Hunger und Durst" zu verstehen, die befriedigt werden müssen. Zur menschlichen Sexualität passt das Modell „begegnen und sprechen".

Wo sexuelle Ausdrucksformen einer oder einem anderen gegenüber wahrhaftig gebraucht werden, machen sie Nähe und Vertrauen, Lust und Liebe sichtbar. Wo sie ohne innere Beteiligung ausgetauscht werden, sind sie eine Technik, und die Partner reduzieren sich gegenseitig auf ihre sexuellen Funktionen. Bei sexuellen Kontakten ist immer der ganze Mensch im Spiel. Sexualität ist also mehr als Sex. Ist der Mensch vielleicht deshalb nirgendwo sonst so verletzlich wie hier?

Keine andere Generation ist mit so viel Nacktbildern groß geworden: Wann immer sie Sex haben, muss es ihnen vorkommen, als laufe ein Film ab. Sie haben den Akt tausendfach reproduziert gesehen, im Kino, auf Werbeplakaten, in Musikvideos. Jeder Zentimeter Haut ist abgelichtet, ihre Idole kennen sie längst nackt ... Eine andere Sorge hat sich dafür ausgebreitet: die, sich zu blamieren. Jugendliche heute haben keine Angst vorm Sex, aber sie haben Angst, dabei schlechter auszusehen als die Männer und Frauen, denen sie auf Fotos, im Fernsehen und auf der Leinwand beim Akt zugeschaut haben. Was mache ich bloß, wenn ich es nicht hinbekomme, was im Film so mühelos und leidenschaftlich aussieht? 24 Prozent haben Angst, sich im entscheidenden Moment blöd anzustellen; die Briefe an „Dr. Sommer" sind voll mit Zweifeln, nicht normal, nicht hübsch und nicht erfahren genug zu sein ...

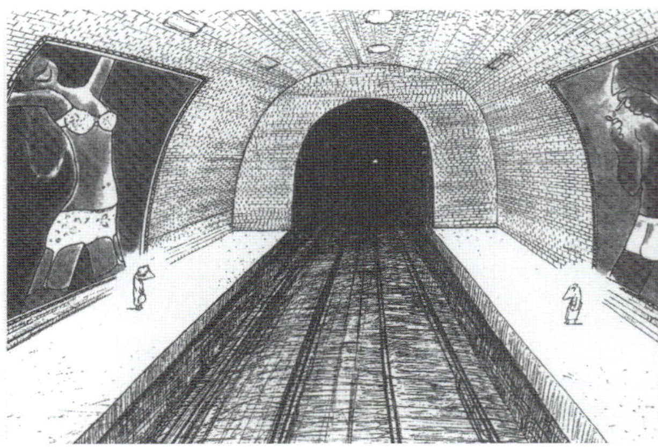

Jean Jacques Sempé

Liebe – was ist das?

In seiner Enzyklika „Deus caritas est“ (Gott ist die Liebe) äußert sich Papst Benedikt XVI. auch zum Eros: Der Eros, die „Liebe zwischen Mann und Frau, die nicht aus Denken und Wollen kommt, sondern den Menschen gleichsam übermächtigt“, ist ein Geschenk Gottes – für die Menschen „das Schönste im Leben“. Liebe ist die Verheißung von Unendlichkeit und Ewigkeit und kann „nicht einfach in der Übermächtigung durch den Trieb gefunden werden“. Man darf den Leib nicht „als bloß animalisches Erbe“ abtun, doch benötigt der Eros auch „Reinigungen und Reifungen, die auch über die Straße des Verzichts führen“. „Der zum Sex degradierte Eros wird zur Ware, zur bloßen Sache; man kann ihn kaufen und verkaufen, ja der Mensch selbst wird dabei zur Ware.“

Liebe

... sagt der Papst

„LIEBE IST“

Du guckst mich an, und ich geh mit,
und der ist ewig, dieser Augenblick.
Da scheint die Sonne,
da lacht das Leben,
da geht mein Herz auf,
ich will's dir geben.
Ich will dich tragen,
ich will dich lieben,
denn die Liebe ist geblieben.
Hat nicht gefragt, ist einfach da,
weglaufen geht nicht, das ist mir klar.

Liebe will nicht,
Liebe kämpft nicht,
Liebe wird nicht,
Liebe ist.
Liebe sucht nicht,
Liebe fragt nicht,
Liebe ist, so wie du bist.

Gute Nacht, mein Wunderschöner,
und ich möcht mich noch bedanken.
Was du getan hast, was du gesagt hast,
es war ganz sicher nicht leicht für dich.
Du denkst an mich, in voller Liebe,
und was du siehst, geht nur nach vorne.
Du bist mutig, du bist schlau,
und ich werd immer für dich da sein,
das weiß ich ganz genau.

Du und ich wir sind wie Kinder,
die sich lieben, wie sie sind.
Die nicht lügen und nicht fragen,
wenn es nichts zu fragen gibt.
Wir sind zwei und wir sind eins,
und wir sehn die Dinge klar.
Und wenn einer von uns gehen muss,
sind wir trotzdem immer da.

Wir sind da, wir sind da, wir sind da.
Wir sind da, wir sind da, wir sind da.

Liebe will nicht,
Liebe kämpft nicht,
Liebe wird nicht,
Liebe ist.
Liebe sucht nicht,
Liebe fragt nicht,
Liebe fühlt sich an, wie du bist.

Liebe soll nicht,
Liebe kämpft nicht,
Liebe wird nicht,
Liebe ist.
Liebe sucht nicht,
Liebe fragt nicht,
Liebe ist, so wie du bist.

So wie du bist, so, wie du bist.
Liebe ist, so wie du bist.
Liebe ist, so wie du bist.
So wie du bist, so wie du bist.

Nena

... sagt Nena

- Beschreiben Sie Liebe, indem Sie bei einen Brainstorming Begriffe zum Wortfeld sammeln.
- Fassen Sie die Aussagen Papst Benedikts XVI. zur Liebe zusammen.
- Wie beschreibt Nena Liebe?
- Diskutieren Sie, was Liebe für Sie bedeutet.

TIPP
Schreiben Sie ein eigenes Liebeslied.

Liebe in Worten

AUS DEM 1. Brief an die Korinther

13:4 Die Liebe ist langmütig, die Liebe ist gütig. Sie ereifert sich nicht, sie prahlt nicht, sie bläht sich nicht auf.
13:5 Sie handelt nicht ungehörig, sucht nicht ihren Vorteil, lässt sich nicht zum Zorn reizen, trägt das Böse nicht nach.
13:6 Sie freut sich nicht über das Unrecht, sondern freut sich an der Wahrheit.
13:7 Sie erträgt alles, glaubt alles, hofft alles, hält allem stand.
13:8 Die Liebe hört niemals auf.

ALLES NUR WORTE?

Liebe geht durch den Magen.
All you need is love.
Liebe auf den ersten Blick.
Liebe machen.
Gelegenheit macht Liebe.
Wo Liebe hinfällt.
Die große Liebe.
Liebäugeln
Liebchen
Vergebliche Liebesmüh
Liebelei

Ich will mit dem gehen,
den ich liebe.
Ich will nicht ausrechnen,
was es kostet.
Ich will nicht nachdenken,
ob es gut ist.
Ich will nicht wissen,
ob er mich liebt.
Ich will mit ihm gehen,
den ich liebe.

Bertolt Brecht

Trotz der Liebe zu einem Menschen erkennt man seine schlechten Eigenschaften, trotz der Abscheu gegenüber einem Menschen erkennt man seine guten Eigenschaften.

Chinesische Weisheit

Love is like oxygen
You get too much, you get too high
Not enough and you're gonna die
Love gets you high
Love is like oxygen
You get too much, you get too high
Not enough and you're gonna die
Love gets you high
Time on my side
I got it all
I've heard that pride
Always comes before a fall
There's a rumor goin' round the town
That you don't want me around
I can't shake off my city blues
Every way I turn I lose
Love is like oxygen ...

The Sweet

DU SOLLST DIR KEIN BILD VOM ANDEREN MACHEN

Du sollst dir kein Bildnis machen. – Es ist bemerkenswert, dass wir gerade von dem Menschen, den wir lieben, am mindesten aussagen können, wie er sei. Wir lieben ihn einfach. Eben darin besteht ja die Liebe, das Wunderbare an der Liebe, dass sie uns in der Schwebe des Lebendigen hält, in der Bereitschaft, einem Menschen zu folgen in allen seinen möglichen Entfaltungen. Wir wissen, dass jeder Mensch, wenn man ihn liebt, sich wie verwandelt fühlt, wie entfaltet, und dass auch dem Liebenden sich alles entfaltet, das Nächste, das lang Bekannte. Vieles sieht er wie zum ersten Male. Die Liebe befreit es aus jeglichem Bildnis. Das ist das Erregende, das Abenteuerliche, das eigentlich Spannende, dass wir mit den Menschen, die wir lieben, nicht fertig werden: weil wir sie lieben; solange wir sie lieben. Man höre bloß die Dichter, wenn sie lieben; sie tappen nach Vergleichen, als wären sie betrunken, sie greifen nach allen Dingen im All, nach Blumen und Tieren, nach Wolken, nach Sternen und Meeren. Warum? So wie das All, wie Gottes unerschöpfliche Geräumigkeit, schrankenlos, alles Möglichen voll, aller Geheimnisse voll, unfassbar ist der Mensch, den man liebt – nur die Liebe erträgt ihn so.

Max Frisch

- Verfassen Sie für Ihre Freundin oder Ihren Freund ein Liebesgedicht.

Verheiratet ...

SPRÜCHE KLOPFEN ...

Das ist keine Ehe – das ist Krieg!
Als wir noch nicht verheiratet waren, hat es prima geklappt.
Die Ehe funktioniert am besten, wenn beide Partner ein bisschen unverheiratet bleiben.
Ein heiteres Ehepaar ist das Beste, was sich in der Liebe erreichen lässt.
Wer den Hafen der Ehe ansteuert, tut gut daran, erst eine Hafenrundfahrt zu buchen.
Mit der Kirche habe ich nichts am Hut – aber in Weiß möchte ich schon heiraten.

Der Ehebund, durch den Mann und Frau unter sich die Gemeinschaft des ganzen Lebens begründen, welche durch ihre natürliche Eigenart auf das Wohl der Ehegatten und auf die Zeugung und die Erziehung von Nachkommenschaft hingeordnet ist, wurde zwischen Getauften von Christus dem Herrn zur Würde eines Sakramentes erhoben.
Die eheliche Liebe verlangt von Natur aus von den Gatten unverletzliche Treue. Das ergibt sich aus der gegenseitigen Hingabe, in der die beiden Gatten sich einander schenken. Liebe will endgültig sein. Sie kann nicht bloß „bis auf weiteres“ gelten. „Diese innige Vereinigung als gegenseitiges Sichschenken zweier Personen wie auch das Wohl der Kinder verlangen die unbedingte Treue der Gatten und fordern ihre unauflösliche Einheit.“

Katechismus der Katholischen Kirche

Der Evangelist Matthäus überliefert, wie Jesus sich zur Ehe geäußert hat: „Sie sind also nicht mehr zwei, sondern eins. Was aber Gott verbunden hat, das darf der Mensch nicht trennen“ (Mt 19,6). Deshalb verbot Jesus auch die Scheidung und die Wiederverheiratung Geschiedener (Mt 5,32). Damit nahm er Stellung zu einer geltenden Praxis, in der es für den Mann relativ leicht war, der Frau einen Scheidebrief zu geben (Mt 5,31f.). Jesu Forderung einer Ehe ohne Scheidung und seine Verneinung jeder Scheidung stärkte die Stellung der Frau. In seiner Reich-Gottes-Botschaft setzte er auf eine untrennbare Zusammengehörigkeit der Menschen – auch mit Gott –, aus der niemand ausgeschlossen sein soll.

- Deuten Sie die Karikatur.
- Welche weiteren Sprüche über die Ehe kennen Sie?
- Welche Erfahrungen mit der Ehe liegen den Sprüchen zugrunde?
- Beschreiben Sie Ihre Anforderungen an eine glückliche Ehe. Notieren Sie die „Bausteine“ auf Kartons und bauen Sie daraus ein Haus. Was bildet das Fundament, die Tür, die Fenster ... ?
- Geben Sie das katholische Eheverständnis in eigenen Worten wieder.
- Diskutieren Sie das Eheverständnis.

TIPP
Besuchen Sie eine Eheberatungsstelle und informieren Sie sich über die häufigsten Probleme. Welche Erkenntnisse für Ihr eigenes Leben nehmen Sie mit?

AUS DEM BUCH Jesus Sirach
25:1 Drei Dinge gefallen mir, sie sind Gott und den Menschen angenehm: Eintracht unter Brüdern, Liebe zwischen Freunden, Mann und Frau, die einander verstehen.
25:2 Drei Gruppen von Menschen sind mir verhasst, ihre Lebensweise verabscheue ich sehr: den hochmütigen Armen, den betrügerischen Reichen, den ehebrecherischen Greis ohne Vernunft.

... und geschieden

AUS DEM EVANGELIUM NACH Markus

10:11 Er antwortete ihnen: Wer seine Frau aus der Ehe entlässt und eine andere heiratet, begeht ihr gegenüber Ehebruch.
10:12 Auch eine Frau begeht Ehebruch, wenn sie ihren Mann aus der Ehe entlässt und einen anderen heiratet.

AUS DEM 1. Brief an die Korinther

7:10 Den Verheirateten gebiete nicht ich, sondern der Herr: Die Frau soll sich vom Mann nicht trennen
7:11 – wenn sie sich aber trennt, so bleibe sie unverheiratet oder versöhne sich wieder mit dem Mann –, und der Mann darf die Frau nicht verstoßen.

- Was assoziieren Sie mit dem Begriff Scheidung?
- Stellen Sie einen Katalog zusammen: „Darum lassen Paare sich scheiden".
- Zeigen Sie die negativen Folgen einer Scheidung auf.
- Diskutieren Sie Möglichkeiten, eine Scheidung zu verhindern, indem Sie Lösungsvorschläge für die Krisen aus Ihrem Katalog „Darum lassen sich Paare scheiden" erarbeiten.

TIPP
Sprechen Sie mit Geschiedenen und befragen Sie sie über ihr „neues" Leben. Vielleicht können Sie Bedingungen herausfinden, wann es glückt.

GETRENNTE WEGE

„... bis dass der Tod euch scheidet." Dieses Versprechen lösen viele Ehepaare nicht ein. 213 691 Ehepaare ließen sich im vergangenen Jahr scheiden, davon jedes achte Paar (27 593) schon innerhalb der ersten vier Ehejahre. Aber auch alte Ehen können noch zerbrechen. So trennten sich 21 508 Paare, also jedes zehnte Scheidungspaar, nach mehr als 25 Ehejahren. Die Initiative ergreift meist die Frau. Über 56 Prozent der Scheidungen im Jahr 2004 wurden von Frauen beantragt, gut 36 Prozent von Männern und sieben Prozent von beiden. Leidtragende sind meist die Kinder. 168 859 Kinder waren im Jahr 2004 betroffen.

Du kannst nicht treu sein, nein, nein, das kannst du nicht,
Wenn auch dein Mund mir wahre Liebe verspricht.
In deinem Herzen hast du für viele Platz,
Darum bist du auch nicht für mich der richt'ge Schatz.

Schunkellied

Die haben dann einfach jeden Abend gestritten, ich konnte oft nicht einschlafen. Aber viel schlimmer war es, als man dann gar nichts mehr gehört hat. Mein kleiner Bruder hat oft geweint, weil Papa nun viel seltener zu Hause war. Auf jeden Fall lebe ich nun mit meinem Vater zusammen, und mein kleiner Bruder ist noch bei der Mama. Nächtelang habe ich durchgeweint, mein „Kleiner" hat mir gefehlt. Mama hat schon wieder einen anderen, das finde ich echt beschissen. Papa tut, als ob es ihm nichts ausmachen würde. Irgendwie haben die das so geregelt, dass wir Geschwister an den Wochenenden zusammen sein sollen. Das wirkt aber meistens inszeniert und oft klappt es nicht. Aber die haben es ja so gewollt – uns hat man nicht gefragt. Die konnten es miteinander ja nicht mehr aushalten. Aber mein Bruder und ich müssen das jetzt aushalten!

Schülerin, 17 Jahre

Die Liebe zu Jesus

INTERVIEW MIT SCHWESTER M. MANUELA, FRANZISKANERIN VON SIEßEN

Sr. Manuela, Sie arbeiten in der Jugendarbeit des Klosters Sießen – was bedeutet das?

Mit einigen Mitschwestern bin ich für die Vorbereitung unserer beiden Franziskusfeste für Kinder und Jugendliche und für Projekt- und Besinnungstage von Schülern und Firmlingen, die zu uns kommen, zuständig. Außerdem ist auch das „Forsthaus" zu erwähnen, das Mädchen und jungen Frauen „Kloster auf Zeit" anbietet. Sie können so am klösterlichen Leben teilnehmen nach dem Motto: mitleben, mitbeten, mitarbeiten.

Was bedeutet „mitarbeiten" für die jungen Frauen?

Es gibt verschiedene Einsatzbereiche in unserem Kloster. Wir haben eine Wäscherei, eine große Küche, einen Garten mit Obst und Gemüse, es gibt den Hausdienst, aber auch im Forsthaus und in der Jugendarbeit können sie uns unterstützen.

Als Ordensschwester wird man ja nicht geboren. Wie sah Ihr Leben vor dem Eintritt ins Kloster aus?

Ich bin in einer evangelischen Familie aufgewachsen. Schon als Jugendliche war mir klar, dass ich im Glauben leben will. In der Gemeinde habe ich aktiv mitgearbeitet, Vorbild war für mich ein junger Diakon. Sein Glaubenszeugnis war für mich faszinierend. Nach meiner Schulzeit habe ich die Ausbildung zur Krankenschwester gemacht. Einige Jahre nach meiner Konversion zum katholischen Glauben bin ich im Frühjahr 1992 in den Orden der Franziskanerinnen von Sießen eingetreten.

Auf meinem Suchweg war es aber nicht so, dass ich sofort dachte, das ist mein Bestimmungsort. In meiner Lebensgeschichte gab es vieles, das mich veranlasste zu denken, eigentlich passe ich gar nicht in ein Kloster. Vor allem der Umgang mit Bibelworten schenkte mir jedoch die Erkenntnis: Jesus will mich und zwar so, wie ich bin.

Was können Sie Schülerinnen und Schülern aus dieser Erfahrung heraus mitgeben?

Dass Gott auch zu ihnen sagt: Ich will dich. Dass sie durch Gott eine bedingungslose Annahme erfahren, unabhängig von allen Äußerlichkeiten. Es gibt für jede und jeden einen Platz, den niemand anders ausfüllen kann.

Was kann der Heilige Franziskus Jugendlichen mitgeben?

Franziskus zeigt, dass alle Geschöpfe Schwestern und Brüder sind. Selbst mit Aussätzigen hat er Kontakt gesucht. Außerdem zeigt er, dass man sein Leben ändern kann. Von ihm kann ich lernen, dass ich auch ohne Handy, Computer und Auto Wert und Würde besitze. Auch du!

Franz von Assisi (1182-1226) war der Sohn eines reichen Tuchhändlers. Er hatte eine sorglose und Jugend, liebte Feste und Geselligkeit. Doch er hatte auch einen Blick für die Benachteiligten der Gesellschaft. 1204 nahm er am Städtekrieg zwischen Perugia und Assisi teil und verbrachte ein Jahr in Gefangenschaft, eine Zeit der Besinnung. Ein Kriegszug nach Apulien sollte ihm anschließend Ehre und den Ritterschlag bringen. Im Traum gebot ihm aber eine Stimme, nach Assisi zurückzukehren. Nun kam es zu einer vollkommenen Lebenswende. Gebet und die Pflege von Leprakranken brachten ihm dafür wichtige Einsichten. Sein Vater enterbte und verstieß ihn. Franz entschloss sich zu einem Leben in Armut und wurde Wanderprediger. Ihm schlossen sich Gefährten an, das Evangelium zu verkünden und Ausgestoßene zu pflegen. Für ihr Zusammenleben schrieb er eine Ordensregel. Mit seinen Gefährten reiste er nach Rom: Papst Innozenz III. bestätigte ihm die Regel mündlich.

- Geben Sie Statements ab zum Klosterleben als alternativem Lebenskonzept.
- Diskutieren Sie, warum gerade in der heutigen Zeit das Leben in der Nachfolge des Heiligen Franziskus vorbildhaft sein kann.

TIPP

Besuchen Sie ein Kloster.

Sr. M. Manuela

Liebe in der Bibel

Claudia Blume, Liebe – Eros – Hohes Lied, Holzskulptur: ein flammendes Herz und zwei gleich große Figurenblöcke, 2 m hoch

AUS DEM Hohelied
4:1 Schön bist du, meine Freundin, ja, du bist schön. Hinter dem Schleier deine Augen wie Tauben. Dein Haar gleicht einer Herde von Ziegen, die herabzieht von Gileads Bergen.
4:2 Deine Zähne sind wie eine Herde frisch geschorener Schafe, die aus der Schwemme steigen. Jeder Zahn hat sein Gegenstück, keinem fehlt es.
4:3 Rote Bänder sind deine Lippen; lieblich ist dein Mund. Dem Riss eines Granatapfels gleicht deine Schläfe hinter dem Schleier.
4:4 Wie der Turm Davids ist dein Hals, in Schichten von Steinen erbaut; tausend Schilde hängen daran, lauter Waffen von Helden.
4:5 Deine Brüste sind wie zwei Kitzlein, wie die Zwillinge einer Gazelle, die in den Lilien weiden.
4:6 Wenn der Tag verweht und die Schatten wachsen, will ich zum Myrrenberg gehen, zum Weihrauchhügel.
4:7 Alles an dir ist schön, meine Freundin; kein Makel haftet dir an.

AUS DEM BUCH Genesis
18:11 Abraham und Sara waren schon alt; sie waren in die Jahre gekommen. Sara erging es längst nicht mehr, wie es Frauen zu ergehen pflegt.
18:12 Sara lachte daher still in sich hinein und dachte: Ich bin doch schon alt und verbraucht und soll noch das Glück der Liebe erfahren? Auch ist mein Herr doch schon ein alter Mann!

AUS DEM 2. Buch Samuel
13:14 Doch Amnon wollte nicht auf sie hören, sondern packte sie und zwang sie, mit ihm zu schlafen.
13:15 Hinterher aber empfand Amnon eine sehr große Abneigung gegen sie; ja, der Hass, mit dem er sie nun hasste, war größer als die Liebe, mit der er sie geliebt hatte. Amnon sagte zu ihr: Steh auf, geh weg!
13:16 Sie erwiderte ihm: Nicht doch! Wenn du mich wegschickst, wäre das ein noch größeres Unrecht als das, das du mir schon angetan hast. Er aber wollte nicht auf sie hören.

AUS DEM BUCH Tobit
8:7 Darum, Herr, nehme ich diese meine Schwester auch nicht aus reiner Lust zur Frau, sondern aus wahrer Liebe. Hab Erbarmen mit mir, und lass mich gemeinsam mit ihr ein hohes Alter erreichen!

- Untersuchen Sie, wie in den Textstellen der Begriff Liebe gebraucht wird.
- Transformieren Sie die Texte in die heutige Zeit.
- Definieren Sie „wahre Liebe“ und schreiben Sie Ihren Text besonders schön auf farbiges Papier.
- Verfassen Sie Statements zum Begriff „Ware Liebe“.

Liebe – wenn sie fehlt

SCHREI NACH LIEBE

Du bist wirklich saudumm
darum gehts dir gut
Hass ist deine Attitüde*
ständig kocht dein Blut
alles muss man dir erklären
weil du wirklich gar nichts weißt
höchstwahrscheinlich nicht einmal, was Attitüde heißt
Deine Gewalt ist nur ein stummer Schrei nach Liebe
Deine Springerstiefel sehnen sich nach Zärtlichkeit
Du hast nie gelernt, dich zu artikulieren
und deine Eltern hatten niemals für dich Zeit
ohohoh ARSCHLOCH

Warum hast du Angst vorm Streicheln
was soll all der Terz
Unterm Lorbeerkranz mit Eicheln
weiß ich, schlägt dein Herz
Und Romantik ist für dich
nicht bloß graue Theorie
zwischen Störkraft und den Onkelz
steht ne Kuschelrock LP
Deine Gewalt ist nur ein stummer Schrei nach Liebe
Deine Springerstiefel sehnen sich nach Zärtlichkeit
Du hast nie gelernt, dich zu artikulieren
und deine Eltern hatten niemals für dich Zeit
ohohoh ARSCHLOCH

Weil du Probleme hast
die keinen interessieren
Weil du Schiss vorm Schmusen hast
bist du ein Faschist
Du musst deinen Selbsthass nicht auf andere projizieren
damit keiner merkt, was für ein lieber Kerl du bist
ohohoh

Deine Gewalt ist nur ein stummer Schrei nach Liebe
Deine Springerstiefel sehnen sich nach Zärtlichkeit
Du hast nie gelernt, dich zu artikulieren
und deine Freundin, die hat niemals für dich Zeit
ohohoh ARSCHLOCH, ARSCHLOCH, ARSCHLOCH

Die Ärzte

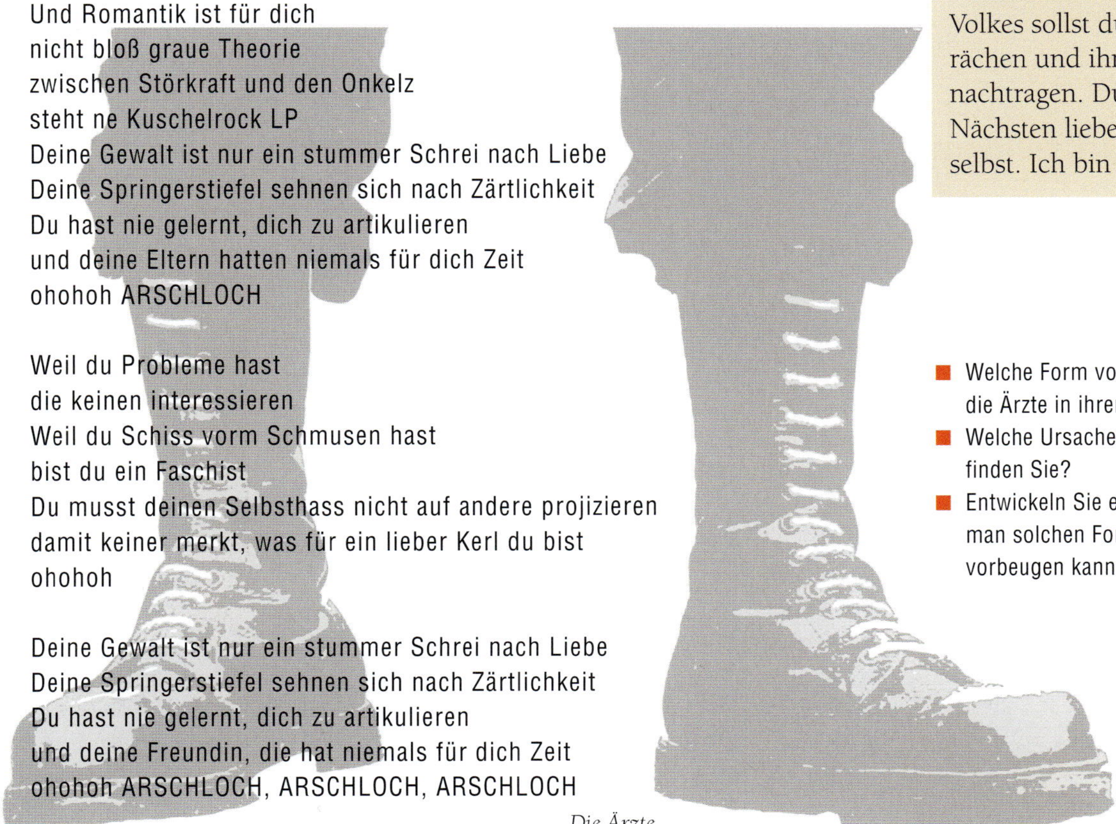

* zur Schau gestellte Haltung

AUS DEM BUCH DER Sprichwörter

10:12 Hass weckt Streit, Liebe deckt alle Vergehen zu.
15:17 Besser ein Gericht Gemüse, wo Liebe herrscht, als ein gemästeter Ochse und Hass dabei.

AUS DEM BUCH Levitikus

19:17 Du sollst in deinem Herzen keinen Hass gegen deinen Bruder tragen. Weise deinen Stammesgenossen zurecht, so wirst du seinetwegen keine Schuld auf dich laden.
19:18 An den Kindern deines Volkes sollst du dich nicht rächen und ihnen nichts nachtragen. Du sollst deinen Nächsten lieben wie dich selbst. Ich bin der Herr.

- Welche Form von Hass beschreiben die Ärzte in ihrem Lied?
- Welche Ursachen dieses Hasses finden Sie?
- Entwickeln Sie ein Programm, wie man solchen Formen von Hass vorbeugen kann.

Orientierungswissen 7: Liebe

➜ ORIENTIERUNG FÜR MEIN LEBEN

Der Schöpfungsgedanke ist sehr eng mit den Bildern von Gemeinschaft, Partnerschaft und Liebe verbunden. Gott erschafft den Menschen als seine Ebenbilder – weil er sie liebt und bleibend mit ihnen verbunden sein will. Er schafft den Menschen als Mann und Frau, das bedeutet: Gott will die menschliche Liebe und die menschliche Begegnung, er möchte, dass in der Gemeinschaft von Mann und Frau das Leben bewahrt und weitergegeben wird.

Für den eigenen Lebensentwurf stellt sich die Fragen, wie ich meine Beziehungen gestalten will. In Umfragen unter jungen Menschen stehen Partnerschaft, Liebe und Familie ganz oben auf der Wunschliste. So drückt sich die Sehnsucht aus, mit einem geliebten Menschen an seiner Seite alt zu werden. Es drückt sich auch der Wunsch aus, dass eigene Leben weiterzugeben – in den Kindern, mit denen immer auch etwas von der eigenen Person weitergegeben wird.

Schon vor der Gründung einer Familie stellt sich aber die Frage, wie wir Partnerschaft gestalten: Wir wünschen uns selbst, respektvoll und rücksichtsvoll behandelt zu werden: Diese Leitlinien für die Partnerschaft gelten auch als Regeln gegenüber den anderen.

➜ ORIENTIERUNG FÜR MEIN HANDELN

Nirgendwo ist der Mensch so verletzlich wie in Fragen von Partnerschaft, Liebe und Sexualität. Hier setzen wir uns dem anderen vollkommen aus. Daher bedürfen diese Lebensmomente auch besonderer Achtsamkeit und des Respekts voreinander. Wir wissen selbst, wie uns der leichtfertige Umgang mit Treue, Vertrauen und im Bereich der Sexualität treffen und verletzen kann. Unser ganzes Handeln in diesem Bereich müsste daher geprägt sein von Behutsamkeit im Umgang miteinander.

➜ ORIENTIERUNG FÜR MEINEN GLAUBEN

Dem Glauben und der Kirche werden teilweise sexualitätsfeindliche Tendenzen unterstellt. Dies war in der Vergangenheit sicher auch der Fall. In jüngerer Zeit aber machen viele kirchliche Äußerungen deutlich, dass es der Kirche nicht um eine Ablehnung von Sexualität geht, sondern im Gegenteil darum, diese als ein wichtiges und wertvolles Gut hochzuhalten: Liebe und Partnerschaft dürfen nicht degradiert werden, dürfen nicht zur Ware oder bloßen Sache werden. Die Gemeinschaft von Mann und Frau ist nach christlichem Verständnis sogar ein Bild für die Liebe, mit der Gott den Menschen liebt.

Wir zeigen also in unserem Verhalten in Partnerschaft und Ehe etwas davon, wie Gott zu den Menschen ist. Er *ist* die Liebe und dies soll sich in der menschlichen Liebe ausdrücken.

Abtreibung
➛Schwangerschaftsabbruch

Arche
von lat. arca, hebr. tevah, „Kasten, Kästchen". Rettungsboot des Noach im Buch Genesis des Alten Testaments. Die Arche ist heute ein Symbol für die Rettung und Bewahrung von Tieren und Ökosystemen. Aber auch soziale Hilfsprogramme für bedürftige Menschen tragen den Namen Arche.

Apostelgeschichte
griech. praxeis apostolon, „Taten der Apostel", Buch des Neuen Testaments. Als Verfasser gilt Lukas, dem auch das dritte Evangelium zugeschrieben wird, dieses entstand zwischen 80 und 90 n. Chr. Die Apostelgeschichte schildert nicht die Geschichten aller Apostel, sondern hauptsächlich die Tätigkeiten der Apostel Petrus und Johannes und des Paulus. Außerdem erzählt die Apostelgeschichte vom Weg der Christusbotschaft von Jerusalem nach Rom.

Benediktiner/-innen
Mönche und Nonnen, die sich auf den heiligen Benedikt von Nursia berufen. Benedikt stiftete 529 das berühmte Kloster Montecassino in Italien, wo er die Benediktsregeln für das Mönchsleben verfasste. Die Mitglieder des Benediktinerordens befolgen bis heute die Benediktsregeln, diese beinhalten u. a. festgelegte Schlafzeiten, Gebetszeiten, Arbeitszeiten und Zeiten für religiöse Studien und Lektüre.

Berufsethos
von griech. ethos, „Geist". Bestimmte moralische Einstellungen, gewisse Werte und Regeln, die von Menschen eines bestimmten Berufes eingehalten werden. Betriebe fordern heute ein Mehr an Berufsethos von künftigen ArbeitnehmerInnen ein, um z. B. Diebstahl im Betrieb einzudämmen, bessere Qualität zu erreichen und die Kommunikation und Teambereitschaft zu fördern.

Brecht, Bertolt (1898-1956)
Eugen Bertolt Friedrich Brecht, Schriftsteller und Regisseur. Er wurde 1898 in Augsburg geboren, als Gegner Hitlers ging er 1933 nach dem Reichsbrand in die Emigration. Er starb 1956 in Berlin. Bertolt Brecht gilt als einer der bedeutendsten Dramatiker der deutschen Literatur des 20. Jahrhunderts, sein experimentelles Theater hatte großen Einfluss auf die Entwicklung des modernen Dramas. Zu seinen Werken gehören das „Leben des Galilei", „Mutter Courage und ihre Kinder", die „Dreigroschenoper".

Brief an die Kolosser
Schrift des Neuen Testaments. Der Kolosserbrief wird zwar auf den Apostel Paulus zurückgeführt, wahrscheinlicher ist aber, dass ihn einer seiner Schüler um 90-100 n. Chr. verfasst hat. Der Brief richtet sich an die christliche Gemeinde der Stadt Kolossä in Kleinasien. In der Gemeinde hatten sich Irrlehren eingeschlichen, mit denen sich das kurze Schreiben auseinandersetzt. Der Brief besitzt außerdem große Bedeutung wegen seiner Aussagen über Christus im „Christushymnus" (Kap. 1,12-20).

Benedikt von Nursia (➛Benediktiner)

1. Brief an die Korinther
Die beiden Korintherbriefe sind Schriften des Neuen Testaments. Sie stammen von dem Apostel Paulus, der zwischen 49 und 52 n. Chr. die christliche Gemeinde in Korinth gegründetet hatte. Paulus verfasste den 1. Korintherbrief zwischen 53 und 55 n. Chr. in Ephesus. Den Anlass dazu bildeten Fragen zu religiösen uns sozialen Bräuchen, die in der griechischen Hafenstadt aufgekommen waren. Aus Paulus Antworten wird deutlich, was für ein Leben im christlichen Glauben notwendig ist: Kreuz und Auferweckung Christi, das Wirken des Geistes Gottes, ein rechter Gebrauch der Geistesgaben und die Ordnung der Gemeinde.

1. Brief an die Thessalonicher
In den beiden Thessalonicherbriefen des Neuen Testaments richtet sich der Apostel Paulus an die christliche Gemeinde von Thessalonich in Griechenland. Der 1. Brief an die Thessalonicher wird als der älteste erhaltene Brief von Paulus betrachtet, er entstand um 50 n. Chr. in Korinth. In dem Schreiben schildert Paulus seine Dankbarkeit für die Gemeindegründung in Thessalonich und macht Aussagen über die Missionierung von Heiden, das Wort Gottes und die Wiederkunft Christi.

[1. Buch der Chronik]
Die Chronik-Bücher sind Bücher des Alten Testaments, sie schildern die Geschichte von Adam bis zum Ende des babylonischen Exils, der Verfasser ist unbekannt. Das erste Buch der Chronik gibt anfangs Namenslisten der Stämme des Volkes wieder, danach schildert es die Geschichte Davids.

[2. Buch Samuel]
Die Samuelbücher sind zwei Bücher des Alten Testaments. Sie erzählen die Geschichte des Volkes Israel vom Ende der Richterzeit bis zum Ende der Regierungszeit König Davids. Die beiden Samuelbücher waren ursprünglich zu einem Buch zusammengefasst, jetzt endet das erste Buch mit dem Ende des ersten israelitischen Königs Saul, das zweite Buch erzählt von König David. Die Autoren haben größere Teile aus anderen Werken aufgenommen und diese nur wenig verändert, dazu gehören z. B.: die Ladeerzählung, die Geschichte von Davids Aufstieg oder die Geschichte der Thronfolge.
Das 2. Samuelbuch hat folgenden Inhalt: David als König über Juda, David als König über das ganze Israel, David erobert Jerusalem und macht es zur Hauptstadt, Gottes Zusage und Davids Versagen, Abschaloms Aufstand gegen David, Davids Vermächtnis.

[Busch, Wilhelm] (1832-1908)
war Dichter und Zeichner. Bekannt wurde Busch durch seine knappen Verse, die er comicartig mit Zeichnungen versah. Vor allem das Spießbürgertum in seiner Verlogenheit und Selbstzufriedenheit war Zielscheibe seiner humorvollen Verse und Bilder. Eines seiner bekanntesten Werke ist Max und Moritz.

Orte der ➛Caritas in Deutschland

[Caritas]
von lat. carus, „lieb“, „wert“, „teuer“. Der Begriff steht in christlich-theologischem Verständnis für die allumfassende Liebe Gottes in seinem Wirken und Handeln. Aus dieser Gottesliebe erwächst die menschliche Nächstenliebe, die im Dienst und in der Hilfe für die Mitmenschen verwirklicht wird.
Der Begriff Caritas wird in Deutschland auch als Kurzform für den Deutschen Caritasverband verwendet. Diese soziale Hilfsorganisation wird von der katholischen Kirche getragen.

Deutscher Caritasverband
Karlstr. 40
79104 Freiburg
Tel. 0761/200418
www.caritas.de

[Chimären]
von griech. chimaira, „Ziege“. Der Begriff Chimäre stammt ursprünglich aus der griechischen Mythologie und bezeichnet ein Geschöpf, das den Kopf eines Löwen, den Leib einer Ziege und den Schwanz eines Drachen hat und das Menschen und Tiere bedroht.
Mit Chimäre bezeichnet man allgemein jegliche Lebewesen, die unterschiedliche menschliche und tierische Körperteile vereinen.
Im übertragenen Sinn verwendet man den Begriff für gedankliche Trugbilder oder Hirngespinste. Im Kontext Gentechnik sind Chimären Lebewesen, in denen Körperteile und Eigen-

➛Chimäre von Arezzo

schaften verschiedener Lebewesen mittels Genmanipulation vereint werden.

Cranach, Lukas (1472-1553)
war ein berühmter Maler der Renaissance. Lukas Cranach der Ältere wurde als Sohn eines Malers um 1472 im fränkischen Kronach geboren und vermutlich in der Werkstatt seines Vaters ausgebildet. Nach mehrjährigem Aufenthalt in Wien wurde Cranach 1505 vom sächsischen Kurfürsten Friedrich dem Weisen als Hofmaler nach Wittenberg berufen. Dort heiratete er Barbara Brengebier, eine Bürgermeisterstochter aus Gotham; aus der Ehe gingen zwei Söhne und zwei Töchter hervor. Cranachs Werkstatt wurde zum Zentrum der damaligen sächsischen Malerei, er selbst wurde zu einem der bedeutendsten und reichsten Bürger Wittenbergs. Lukas Cranach war befreundet mit Martin Luther, er fertigte mehrere Bildnisse von ihm an und gilt als repräsentativer Maler der Reformation. Der Künstler starb 1553 im Alter von 81 Jahren in Weimar.

Lukas →Cranach d. Ä.

Darwin, Charles Robert (1809-1882)
englischer Naturforscher und Schriftsteller, Begründer der modernen Evolutionstheorie. Darwin entwickelte das Konzept der natürlichen Auslese. Lebewesen, die sich nicht an neue Umweltbedingungen anpassen oder entsprechend weiterentwickeln können, sterben aus. Durch die Anpassung der Organismen entstehen neue Arten.
Darwins Arbeiten hatten Einfluss auf Biologie, Geologie und Geisteswissenschaften.

Darwinismus
→Evolutionslehre

Designer-Baby
populärer Ausdruck für einen „perfekten Menschen“, der durch Eingriffe in die Keimbahn genetisch so verändert wurde, dass er einem erwünschten bestimmten äußeren Erscheinungsbild entspricht und erwünschte Verhaltensmerkmale zeigt.

Deuteronomium
der Name bedeutet „zweites Gesetz“ und bezeichnet das fünfte Buch des Pentateuchs, d. h. der Fünf Bücher Mose im Alten Testament (→Genesis, →Levitikus). Das Buch erzählt von den letzten Lebenstagen des Mose und fasst die Gesetze und Erzählungen der vier vorhergehenden Bücher im „Testament“ des Mose zusammen und interpretiert sie. Außerdem bildet es die Basis für die folgenden Geschichts- und Prophetenbücher.

Down-Syndrom
genetisch bedingte Erkrankung, bei der das 21. Chromosom dreifach statt zweifach in den Zellen vorhanden ist („Trisomie 21“). Sie ist gekennzeichnet durch mäßige bis schwere geistige Behinderung, Herzfehler, Atemwegsdefekte. Viele Kinder und Erwachsene mit Down-Syndrom sind jedoch bei entsprechender Förderung fähig, ein Leben in Würde und relativer Eigenständigkeit zu führen.

Ehebund
Nach dem Eherecht der katholischen Kirche ist die Ehe ein Bund zwischen Mann und Frau; die Partner begründen mit der Eheschließung eine unteilbare Lebens- und Liebesgemeinschaft. Die Ehe richtet sich nach dem Wohl des Ehepartners und der Zeugung und Erziehung der Kinder aus. Der Ehebund zwischen zwei getauften Partnern ist ein Sakrament, allerdings wird dieses nicht von einem Geistlichen, sondern von Braut und Bräutigam selbst gespendet. Der Ehebund ist nur in besonderen Ausnahmefällen auflösbar.

empirisch
von griech. empiria, „Erfahrung“. Als „empirisch“ werden alle Begriffe, Schlussfolgerungen und Beurteilungen bezeichnet, die auf experimentellem Weg mithilfe von Versuchen und Beobachtungen gemacht worden sind, also auf Erfahrungen beruhen.

Enzyklika
von griech. enkyklios epistole, „allgemeiner Rundbrief“, ein gedrucktes Rundschreiben des Papstes. Während eine Enzyklika früher nur an die Bischöfe adressiert war, richtet sie sich heute an die Bischöfe und alle Gläubigen, manchmal auch an „alle, die guten Willens sind“. Eine Enzyklika wird meist in lateinischer Sprache verfasst und nach ihren Anfangsworten zitiert. Sie beschäftigt sich mit theologischen, philosophischen und seelsorgerlichen Fragen und Themen. Eine Enzyklika besitzt keinen bindenden Charakter für die Gläubigen.

Eros

Sohn der Aphrodite und des Ares, Geliebter der Psyche. Liebesgott in der griechischen Mythologie. Der griechische Eros entspricht dem römischen Amor oder Cupido. In der Antike wurde er gern als schöner Jüngling mit Flügeln dargestellt, oft mit verbundenen Augen als Symbol für die Blindheit der Liebe. „Eros" wird heute häufig mit dem Begriff Erotik gleichgesetzt.

Evolution

von lat. evolvere, „entwickeln".
1. Der Begriff meint eine allmähliche, kontinuierliche Fortentwicklung im Geschichtsablauf.
2. Er bezeichnet alle Veränderungen, durch die das Leben von seinen ersten Anfängen bis zu seiner heutigen komplexen Vielfalt gelangt ist.

Evolutionslehre

Eine naturwissenschaftliche Erklärung, die auf Charles ➛Darwin zurückgeht, für die Entstehung und Veränderungen des Lebens auf der Erde von den einfachsten Anfängen bis zur heutigen Vielfalt im Verlauf der Erdgeschichte. Lebewesen, die durch bestimmte Umweltbedingungen nicht bevorzugt werden, sterben früher oder später aus. Durch Veränderung der Lebensbedingungen kommt es zur Weiterentwicklung bzw. Neubildung von Arten.

Fairtrade

Der gemeinnützige Verein „Transfair" unterstützt benachteiligte ProduzentInnen in Afrika, Asien und Lateinamerika und trägt zur Verbesserung ihrer Arbeits- und Lebensbedingungen bei. Der faire Handel bemüht sich um garantierte Mindestpreise, langfristige Abnahmeverträge, Einhaltung internationaler Arbeitsschutzrichtlinien und um Förderung kleinbäuerlicher Arbeitsgemeinschaften. Das Fairtrade-Logo kennzeichnet Produkte, die unter fairen Bedingungen gehandelt worden sind. Es ersetzt seit 2003 das Transfair-Siegel.

➛Fairtrade

Franziskaner/-innen

Der Orden heißt lat. ordo fratrum minorum, „Orden der Minderen Brüder". Er wurde 1208 von Franz von Assisi gegründet und 1223 von Papst Honorius III. anerkannt.
Die Franziskaner zählen zu den so genannten Bettelorden. Nach den Regeln des Franz von Assisi führen die Mitglieder des Ordens ihr Leben nach dem Evangelium und verzichten auf jeglichen Besitz. Durch Predigen und Arbeiten sollen die FranziskanerInnen ihren Dienst an den Menschen tun.

Einfach leben und für die Menschen da sein wollen die ➛Franziskanerinnen

Genesis

Der Name bedeutet „Ursprung". Bezeichnung des ersten Buches des Pentateuch, d. h. der Fünf Bücher Mose im Alten Testament (➛Deuteronomium, ➛ Levitikus). Das Buch gliedert sich in zwei Hauptteile: die „Urgeschichte" (Schöpfungserzählung) und die „Erzeltern-Erzählungen" (Abrahamzyklus, Jakobuszyklus, Josefserzählung).

Greenpeace

Greenpeace ist eine internationale, gemeinnützige Umweltschutzorganisation, die unabhängig von Regierungen und politischen oder wirtschaftlichen Interessengruppen aktiv ist. Die Organisation wurde 1971 im kanadischen Vancouver gegründet und hat mittlerweile in beinahe vierzig Ländern nationale Büros und Vereine eingerichtet. Greenpeace wird fast ausschließlich über Spenden finanziert. Greenpeace kämpft mit gewaltfreien, meist medienwirksamen und spektakulären Aktionen für den Umweltschutz, häufig setzen die Mitglieder sich auch für die Durchsetzung des Völkerrechts ein. Wichtige Anliegen von Greenpeace sind z. B. die Erhaltung der Artenvielfalt, die Beendigung von Atomwaffentests, die Bekämpfung des Ozonlochs.

GREENPEACE

Greenpeace e. V.
Große Elbstr. 39
22767 Hamburg
Tel. 040/3061803
www.greenpeace.de

Globalisierung

Unter Globalisierung versteht man den Prozess der weltweiten, transnationalen Vernetzung der Märkte und Gesellschaften. Die Globalisierung wird gefördert durch die zunehmende Liberalisierung des Welthandels und den Abbau von Handelsschranken, den Fortschritt in Transport und Verkehr und die Verbreitung schneller Kommunikationsmittel.

Hohelied
Das Buch aus dem Alten Testament heißt wörtlich übersetzt von griech. asma asmaton, „Lied der Lieder". Es gehört zur Weisheitsliteratur und wird nach der Überlieferung König Salomo zugeschrieben. Das Buch schildert in Gedichten die Liebe von Mann und Frau, vom Suchen, Finden und Verlieren der Liebe. In der Auslegung des Buches herrscht Uneinigkeit: Manche Wissenschaftler gehen davon aus, dass das Buch den altorientalischen Ritus von der „heiligen Hochzeit" zur Verehrung Jahwes verwendet, andere vermuten, dass das Buch tatsächlich eine konkrete Darstellung und Verherrlichung der ehelichen Liebe ist.

Integrativer Kindergarten
Kindergärten, in denen Kinder mit geistigen und körperlichen Behinderungen und Kinder ohne Beeinträchtigungen gemeinsam betreut werden und lernen. Sie bieten die Chance einer optimalen Förderung der Kinder mit Behinderungen. Die anderen erlernen Toleranz und einen selbstverständlichen Umgang mit ihnen.

In-Vitro-Fertilisation
lat. „Befruchtung im Glas". Methode zur künstlichen Befruchtung, bei der der Frau reife Eier entnommen werden und der Mann Samenzellen spendet. Die Befruchtung findet außerhalb des Körpers in einem Reagenzglas oder einer Petrischale statt. Nach etwa 60 Stunden wird der Keim in die Gebärmutter eingepflanzt.

Jahwe
Das Wort ist hebräisch und bedeutet „Er ist", „Er erweist sich" und ist der Eigenname Gottes in der Hebräischen Bibel. Im Hebräischen wird der Name durch das Tetragramm (= Wort aus vier Buchstaben) JHWH umschrieben. Jahwe offenbart sich zuerst Mose im brennenden Dornbusch, er erweist sich als Gott des Volkes Israel durch seine rettenden Heilstaten. Die griechische Bibel übersetzt Jahwe mit „Kyrios", die lateinische mit „Dominus", die deutsche mit „Herr".

Jesus Sirach
Der Titel des Buches im Alten Testament dürfte wohl „Worte Simons, des Sohnes Jesu, der Ben Sira genannt wird" gelautet haben. Der Verfasser des Buches war wohl ein Jerusalemer Bürger. Datiert werden kann das Buch auf etwa 170 v. Chr. Wesentliche Themen sind: Vorsicht vor gefährlichen Menschentypen, vor Machthabern und Reichen, beim Umgang mit Frauen, Warnungen vor Bürgschaft, vor Träumen. Auch Themen wie Freundschaft, Zuhause, Erziehungsprobleme und Ehe finden sich. Wichtig sind im Buch die Überlegungen zu erkennbaren Gegensätzen und Widersprüchen in der Schöpfung Gottes.

Judit
Ein Buch des Alten Testaments. Es schildert am Beispiel der Bedrohung Israels durch die Babylonier und ihren König Nebukadnezzar die Gefährdung des Gottesvolkes durch das gottfeindliche Heidentum aller Zeiten. Die Einwohner von Betulia befinden sich durch den Druck der Weltmacht in einer Glaubenskrise. Sie überwinden diese durch die fromme Witwe Judith, die auf das rettende Eingreifen Gottes vertraut.

Artemisia Gentileschi, ➛Judith köpft Holofernes (Ausschnitt)

Judith setzt für die Befreiung Betulias mutig ihr Leben ein und erfährt beispielhaft für ihr Volk die rettende Liebe Gottes.

Katechismus der Katholischen Kirche
von griech. katechismos, „Unterricht", „Lehre". In der alten Kirche und im Mittelalter allgemeine Bezeichnung für die christliche Glaubensunterweisung.
Seit dem 16. Jahrhundert bezeichnet der Begriff das Buch, das in Frage- und Antwortform die wichtigsten christlichen Lehren zusammenstellt.

Katholische Soziallehre
katholisch-theologische Auseinandersetzung mit den gesellschaftlichen Strukturen und Normen. Sie nimmt Stellung zu den Fragen des gesellschaftlichen Zusammenlebens und orientiert sich dabei an biblischen Grundlagen und Erkenntnissen der Sozialethik. Die katholische Soziallehre gibt Leitlinien zur Gestaltung von Welt und Gesellschaft. Die drei Grundprinzipien sind dabei Personalität, Subsidiarität und Solidarität.

Kästner, Erich (1899-1974)
ein bedeutender deutscher Schriftsteller. Erich Kästner wurde 1899 in Dresden geboren, er nahm als Soldat am Ersten Weltkrieg teil und kehrte mit einem schweren Herzleiden zurück. Er brach seine Lehrerausbildung ab, studierte stattdessen Philosophie, Germanistik, Geschichte und Theatergeschichte und arbeitete dann als Journalist. 1928 veröffentlichte Kästner seine ersten Gedichtbände, in den folgenden Jahren veröffentlichte er Kinderromane, z. B. „Emil und die Detektive", „Pünktchen und Anton".
Verschiedene Werke des Schriftstellers wurden 1933 von den Nationalsozialisten verboten und verbrannt.

Erich ➛ Kästner

Kästner erhielt zahlreiche Literaturpreise, darunter 1956 den der Stadt München und 1960 die Hans-Christian-Andersen-Medaille in Luxemburg. Erich Kästner starb 1974 im Alter von 75 Jahren in München.

Keulung
Darunter versteht man das vorsorgliche Töten von Tieren. Auf diese Weise soll die Weiterverbreitung von Tierseuchen verhindert werden. Rinderwahnsinn, Schweinepest und Vogelgrippe erforderten in den letzten Jahren das Keulen Hunderttausender Tiere.

Kohelet
hebr., „Prediger". Buch des Alten Testaments, das von der jüdischen Tradition König Salomo als dem Vater der Weisheit zugeschrieben wird. Das Buch entstand vermutlich um die Mitte des 3. Jahrhunderts v. Chr., in der die Juden unter dem Einfluss griechischer Philosophie und Lebensform standen. Der Verfasser, der sich selbst Kohelet nennt, ist unbekannt. Das Buch Kohelet besteht aus 12 Kapiteln. Themen sind eine Lehre vom Kosmos, vom Menschen und dem Sinn des Lebens, eine Ethik für eine rechte Lebensführung und das Thema Tod. Kohelet verbindet eine skeptische, pessimistische Weltsicht mit praktischer Lebensklugheit.

Koran
von arab. *qur'an*, „Rezitationstext". Heiliges Buch des Islams, das nach muslimischem Glauben wörtlich, in arabischer Sprache dem Propheten Muhammad von Gott geoffenbart wurde. Der Koran besteht aus 114 Suren (Abschnitte), die in Ajat (Verse) unterteilt und nach ihrer Länge angeordnet sind.
Der Koran ist in Reimprosa geschrieben und gilt als das älteste arabische Prosawerk. Er besteht zum größten Teil aus Verordnungen und Empfehlungen, Warnungen vor dem Ende der Welt und Ankündigungen des Jüngsten Gerichts. Daneben greift er Erzählungen über frühere Propheten, die z. T. aus biblischen und außerbiblischen Stoffen, aus der jüdischen und christlichen Tradition stammen, auf. Gleichzeitig enthält der Koran Regeln für das religiöse Leben sowie zu Heirat und Scheidung. Die grundlegende Botschaft des Korans ist, dass es nur einen Gott gibt, der Schöpfer

Kostbar geschmückte ➛ Koran-Ausgabe in arabischer Sprache

aller Dinge ist. Er ist ein gnädiger Gott, der immer wieder Propheten zu den Menschen gesandt hat. Der letzte, das „Siegel der Propheten", ist Muhammad.

Kreationismus
von lat. creare, „erschaffen". Ein religiöser Ansatz, der davon ausgeht, dass das Universum von einer höheren Instanz (einem Schöpfer) erschaffen worden ist. Er kommt in zahlreichen Religionen vor. Der Kreationismus ist eine Gegenposition zur ➛Evolutionslehre; viele US-amerikanische Theologen und Naturwissenschaftler vertreten diese Theorie. Die Schriften des Alten Testaments werden als wörtlich zu nehmende Lehrbücher verstanden.

Lehmann, Karl (*1936)
Karl Lehmann studierte nach seiner Schulzeit in Sigmaringen 1956-1964 Philosophie und Theologie in Freiburg und Rom. 1963 wurde er in Rom zum Priester geweiht. 1962 und 1967 erwarb sich Karl Lehmann die Doktortitel in Philosophie und Theologie mit Arbeiten über den Philosophen Martin Heidegger und über das Thema „Auferweckt am dritten Tag nach der Schrift". Als Assistent von Karl Rahner arbeitete er 1964-1967 an den Universitäten von München und Münster, erlebte das Zweite Vatikanische Konzil in Rom aus nächster Nähe mit. Mit 32 Jahren (1968) schon wurde er auf den Lehrstuhl für katholische Dogmatik und Theologische Propädeutik in Mainz berufen: drei Jahre später übernahm er in Freiburg/Breisgau die Professur für Dogmatik und Ökumenische Theologie. 1983 wurde Prof. Dr. Dr. Karl Lehmann zum Bischof von Mainz gewählt und ernannt. 1987 wurde er zum Vorsitzenden der Deutschen Bischofskonferenz gewählt, 1993, 1999 und 2005 in diesem Amt für jeweils weitere sechs Jahre durch Wahl bestätigt. 2001 hat Papst Johannes Paul II. Bischof Lehmann zum Kardinal ernannt.

Levitikus
Das dritte Buch des Pentateuch, also der Fünf Bücher Mose im Alten Testament. Es trägt den Namen Levitikus, weil es zum größten Teil aus Vorschriften für den Kult und die Priester des Stammes Levi besteht. Das Buch gliedert sich in Opfergesetze, kultische Reinheitsgebote, Ritual für den Versöhnungstag, Heiligkeitsgesetze, Richtlinien für Gelübde und Weihegaben. ➛Genesis, ➛Deuteronomium.

Markusevangelium
Das Markusevangelium ist das älteste der vier Evangelien und bildet die Grundlage der anderen. Bereits im 2. Jahrhundert n. Chr. wird es dem „Markus, dem Dolmetscher des Petrus" zugeschrieben. In einer Zeit, in der Jesus von Nazaret für die meisten Christen bereits eine Gestalt der Vergangenheit war, ging es

Diese Gottesdarstellung ist umgeben von den vier Evangelistensymbolen. V. l. n. r.: Der Engel symbolisiert Matthäus, der Adler ist Symbol des Johannes, der Löwe ist das Symbol des Markus, der Stier ist das Symbol des Lukas. Die Symbolik geht zurück auf eine Vision des Propheten Ezechiel (➛Johannes, ➛Lukas, ➛Markus, ➛Matthäus).

Markus darum, die Person Jesu Christi in seiner Schrift so zu vergegenwärtigen, dass es auch für die, die Jesus nicht mehr kannten, möglich war, seiner Botschaft zu folgen. Er schildert Jesu Weg als einen Weg der Lebenshingabe. Jesus verliert sein Leben – aber erst dadurch gewinnt er es endgültig: Die Auferweckung erst macht die Botschaft glaubwürdig, dass Gott stets das Leben schenken und bewahren will.

Marti, Kurt (*1921)
Der schweizer Schriftsteller und ➛Theologe (ev. ref.) wurde in Bern geboren. Er schreibt vor allem Kurzgeschichten und Gedichte. Sein Werk ist von christlichen Vorstellungen und der biblischen Botschaft erfüllt. So fordert er, dass in diesem Sinn Umweltzerstörung und politische Unterdrückung beendet werden.

Matthäusevangelium
Das Evangelium stammt von einem anonymen Verfasser, der mit dem Apostel und Zöllner aus Mt 10,3 identifiziert wurde. Der Verfasser war wohl ein griechisch-jüdischer Theologe, der sprachlich sehr begabt war. Er schrieb wohl um das Ende des 1. Jh. n. Chr.
Der Glaube an Jesus Christus als den Sohn Gottes ist die Zielaussage des christlichen Glaubens nach Matthäus. Gott erlöst in Jesus: Das ist die Mitte der Botschaft nach Matthäus.

Mendes, Chico (1944-1988)
Chico Mendes wurde 1944 in Acre, einem Bundesstaat im Norden Brasiliens, geboren. 1975 organisierte er eine Vereinigung der ortsansässigen Kautschuksammler (Seringueiros), um sich gewaltfrei gegen die Interessen und Einschüchterungen der Viehzüchter und der Holzindustrie zu wehren, die den Regenwald zerstörten und den Einwohnern so ihre Lebensgrundlage nahmen. Seine erfolgreichen Aktionen brachten ihm eine große Gegnerschaft unter den Bauunternehmern ein. Nach mehreren missglückten Anschlägen wurde er 1988 durch einen Gewehrschuss ermordet.

Moltmann, Jürgen (*1926)
evangelischer Theologe, wurde 1926 in Hamburg geboren. Er war ab 1958 Professor an der Kirchlichen Hochschule in Wuppertal, ab 1963 an der Universität in Bonn und von 1967-94 in Tübingen. Ein wichtiger Schwerpunkt seines Werkes ist die theologische Entfaltung der christlichen Hoffnung. In jüngerer Zeit fanden seine Veröffentlichungen zur Schöpfungsethik, die unter dem Begriff „ökologische Theologie" formuliert sind, besondere Beachtung. Moltmann versucht, theologische und politische Fragen zu verbinden, er legt die Folgen theologischer Erkenntnisse für das Handeln in Politik und Gesellschaft dar.

Noach
Gestalt einer biblischen Erzählung im Alten Testament (Gen 6 – 19). Aus Zorn über die sündige Menschheit schickt Gott eine Sintflut, um alle Lebewesen der Erde zu vernichten. Noach, ein frommer Mann, wird als einziger mit seiner Familie von Gott verschont. Gott schließt mit ihm einen Bund und beauftragt ihn, eine Arche zu bauen. Noach soll seine Familie und jeweils ein Paar aller Tierarten mitnehmen. Die Flut auf der Erde dauert 40 Tage. Noach erkennt das Ende der Flut daran, dass eine von ihm ausgesandte Taube einen Ölzweig zurückbringt. Nach der Flut erneuert Gott seinen Bund mit Noach. Durch Noachs Söhne Sem, Ham und Jafet wird er zum Stammvater der neuen Menschheit.

Paläontologe
der Begriff setzt sich zusammen aus griech. palaios = „alt", griech. on = „das Seinende", griech. logos = „Lehre". Ein Paläontologe beschäftigt sich wissenschaftlich mit der Entwicklung von Lebewesen und den Lebensbedingungen im Verlauf der Erdgeschichte.

Papst Benedikt XVI.
Joseph Alois Ratzinger mit bürgerlichem Namen, wurde 1927 in Marktl (Landkreis Altötting) geboren und war Professor für Dogmatik in Freising, Bonn, Münster, Tübingen und Regensburg. Er nahm als Konzilsberater am Zweiten Vatikanischen Konzil Teil. Nachdem er Erzbischof von München und Freising gewesen war, wurde er 1977 zum Kardinal ernannt. 1981 wurde Ratzinger zum Präfekt der Kongregation für Glaubenslehre in Rom ernannt, 2002 zum Kardinaldekan des Kardinalkollegiums. Er wurde am 19. April 2005 zum Nachfolger Johannes Pauls II. gewählt und nahm den Namen Benedikt XVI. an.

Papst Benedikt XVI.

Psalm/Psalmen
Ein Buch der Bibel, das sich aus 150 religiösen Einzelliedern (= Psalmen) zusammensetzt. Das Gesamtverständnis der Psalmen geht in Richtung eines „Gebet- und Meditationsbuches Israels". Thematisch berühren die Psalmen alle Fragen und Probleme der alttestamentlichen Theologie, man unterscheidet die folgenden Gattungen: Hymnen, Danklieder, Klagelieder, Bittpsalmen, Wallfahrtslieder, Königslieder, Weisheitslieder und „messianische Psalmen".

Rau, Johannes (1931-2006)
Johannes Rau wurde 1931 in Wuppertal geboren. Der als volksnah geltende SPD-Politiker war von 1978-1998 Ministerpräsident von Nordrhein-Westfalen, von 1999-2004 Bundespräsident der Bundesrepublik Deutschland. Er starb 2006 in Berlin. Johannes Rau war Träger zahlreicher Auszeichnungen und Ehrungen, er erfuhr große Anerkennung für sein Bemühen um Humanität und seinen Einsatz in der Friedenspolitik mit Israel.

Reformation
Der Name leitet sich vom lat. reformatio, „Umgestaltung", „Erneuerung" ab. Er bezeichnet die Bewegung und Epoche am Anfang des 16. Jahrhunderts. Die innerkirchliche Bewegung ging von Martin Luther aus und forderte eine stärkere Hinwendung zur Bibel als der alleinigen Basis des christlichen Glaubens („sola scriptura"). Luther wollte die Kirche reformieren und wandte sich gegen bestimmter Missstände, z. B. den Ablasshandel zur Sündenvergebung. Im Verlauf der Reformation kam es zur Kirchenspaltung und zur Gründung von reformierten, lutherischen und anglikanischen Kirchen und Gemeinden.

Martin Luther als Mönch, 1520, auf einer Radierung von Lucas ➛Cranach d. Ä.

Reproduktionstechnik
Verfahren zur Fortpflanzung von Organismen, z. B. ➛ In-Vitro-Fertilisation bei Mensch und Tier oder Embryonentransfer beim Tier. Mit Hilfe der Reproduktionstechnik ist es möglich, natürliche Fortpflanzungsschranken zu überwinden. So kann zum Beispiel eine 66-jährige Frau Mutter werden.

Saint-Exupéry, Antoine de (1900-1944)
Antoine Marie Roger, Vicomte de Saint-Exupéry war französischer Schriftsteller und Pilot. Er wurde 1900 in Lyon geboren und starb 1944, als sein Flugzeug bei einem Aufklärungsflug über dem Mittelmeer abstürzte. Sein modernes Märchen „Le Petit Prince" (Der kleine Prinz) mit seiner Kernaussage „Man sieht nur mit dem Herzen gut" wurde nach dem Krieg vor allem unter Jugendlichen und Erwachsenen zu einem großen Erfolg.

Sakrament
Der Name kommt von lat. sacramentum, „Weihe", zu sacrare, „einem Gott darbringen". Das Christentum versteht darunter eine Zeichenhandlung, die die Gnade Gottes vermittelt. Die Einsetzung des Sakraments wird direkt auf Jesus Christus zurückgeführt. In der katholischen Kirche unterscheidet man die sieben Sakramente Taufe, Firmung, Eucharistie, Buße, Krankensalbung, Ehe und Priesterweihe; die evangelische Kirche spricht nur bei der Taufe und dem Abendmahl von einem Sakrament, weil sie in der Bibel beschrieben sind.

Schächten
Das Schächten oder Shechita (hebr. Šahat = Schlachten) ist eine im Judentum und im Islam vorgeschriebene rituelle Schlachtmethode. Sie ermöglicht den Gläubigen den Verzehr von unblutigem Fleisch; denn der Genuss von Blut ist z. B im Judentum verboten. Bei der Schächtung wird das Tier mit einem einzigen Schnitt durch die Halsschlagader und die Luft- und Speiseröhre getötet. Meist wird auf eine Betäubung verzichtet, denn dadurch kann das Tier aufgrund des noch aktiven Kreislaufs völlig ausbluten.

Schwangerschaftsabbruch
Hierbei wird der sich entwickelnde Embryo in der Gebärmutter abgetötet. Anschließend wird er durch Einsatz von chemischen oder mechanischen Methoden aus der schwangeren Frau entfernt. In Indien werden vor allem weibliche Föten abgetrieben, da die Vorstellung vorherrscht, dass Söhne die Altersversorgung garantieren. In Deutschland werden – u. a. weil Fortschritte in der pränatalen Diagnostik genutzt werden – häufig Föten mit Behinderungen getötet.

Das World Trade Center am 11. September 2001

11. September
Am 11. September 2001 wurde das World Trade Center in New York durch einen Terroranschlag zerstört. Die beiden 110-stöckigen Zwillingstürme gehörten zeitweise zu den höchsten Gebäuden der Welt. Insgesamt arbeiteten dort über 50 000 Personen u. a. in internationalen Handelsorganisationen und Börsen. Am 11. September 2001 entführten islamistische Selbstmordattentäter zwei Passagierflugzeuge und steuerten sie in die Zwillingstürme des Welthandelszentrums. Das Attentat kostete über 3000 Menschen ihr Leben und führte weltweit zu Trauer und Angst. Die USA schränkten als Folge der Attentate die Bürgerrechte im eigenen Land ein und führten Angriffskriege gegen den Irak und Afghanistan.

Sonntag
Von lat. dies solis, griech. heméra helíou, „Tag der Sonne". In der Spätantike wurden die sieben Tage der Woche nach den alten Planeten benannt. Der Sonntag war als zweiter Wochentag der Sonne gewidmet, später wurde er zum ersten Wochentag. Bereits die frühen Christen feierten an diesem Tag die Auferstehung des Herrn. Der römische Kaiser Konstantin I. bestimmte den Sonntag analog zur jüdischen Sabbatruhe zum Tag des Herrn.
Seit 1976 ist der Sonntag nicht mehr der erste, sondern der siebte Tag der christlichen Woche. In christlich geprägten Ländern ist der Sonntag ein wöchentlicher Feiertag.

Sprichwörter
Das Buch der Sprichwörter im Alten Testament hat seinen Namen von der in dieser Schrift überwiegend vorkommenden Spruchform. Es ist ein Sammelbuch, das verschiedene, ursprünglich selbstständige kleine Schriften in sich vereinigt. Viele Aspekte des Lebens werden darin vorgestellt: Freude und Leid, soziale Gegensätze, Freundschaft und Familie.

Stammzellen
undifferenzierte Zellen, sie sind also in ihrem Erscheinungsbild noch nicht auf eine Funktion, z. B. als Leberzelle, Blutzelle etc. festgelegt. Sie können sich aber zu solchen spezialisierten Zellen weiterentwickeln.
Aus der Teilung von Stammzellen (Mitose) entstehen weitere Stammzellen.
Embryonale Stammzellen, die aus Embryonen gewonnen werden, können sich in jede Zelle differenzieren und sich zu einem vollständigen Menschen entwickeln. Davon kann man adulte (d. h. erwachsene) Stammzellen unterscheiden. Sie werden aus bestimmten Organen (Knochenmark, Blut u. a.) gewonnen und entwickeln sich in der Regel nur zu Zellen dieses Organs.

Theologe
der Begriff setzt sich zusammen aus griech. theos, „Gott" und griech. logos, „Lehre". Ein Theologe beschäftigt sich wissenschaftlich mit der Theologie, also mit Gott, seiner Offenbarung und dem Glauben und Wesen der Kirche.

Tobit
Ein Buch des Alten Testaments. Es entstand vermutlich im 2. Jahrhundert v. Chr. in Palästina. Darin wird die Geschichte von Tobit, einem frommen Juden erzählt. Dieser lebt nach dem Untergang des Nordreiches Israels in Assyrien und erfährt dabei schwere Glaubensprüfungen. Doch Gott schickt ihm seinen Engel Raffael zu Hilfe. Dieser begleitet Tobits Sohn, Tobias, auf einer gefährlichen Reise nach Medien.
Die theologische Bedeutung des Buches liegt in der Aussage, dass jeder Israelit Gottes Hilfe erfahren kann, auch in der Fremde und Diaspora. Das Buch enthält außerdem die Lehre von den Schutzengeln.

Urknall
Bezeichnung für den Beginn des Universums, also den Beginn von Raum, Zeit und Materie, und seine Entwicklung in den ersten Bruchteilen von Sekunden. Die Urknall-Theorie gilt derzeit als die plausibelste Theorie zur Erklärung der Entstehung des Universums.

Sofern nicht anders vermerkt, sind die biblischen Texte nach der Einheitsübersetzung der Heiligen Schrift zitiert © Katholische Bibelanstalt, Stuttgart. – Alle nicht gekennzeichneten Texte und Abbildungen stammen vom Autor des Buches und sind als solche urheberrechtlich geschützt.

8 Siegfried Klaschka, in: Intelligenz von Wildtieren, www.planet-wissen.de – Fotos: Gregory Colbert (2) – Daniel Lee, Manimals (2) – Johann Wolfgang von Goethe, An Charlotte v. Stein, 1776
10 James Krüss, in: James Tierleben, Annette Betz Verlag, München 1965 – Thomas Plaßmann/Baaske Cartoons
12 Susanne Götze, in: die tageszeitung v. 30. August 2005, S. 9 – Bundesministerium für Verbraucherschutz
13 Statistik: Deutscher Fleischer-Verband, Bielefeld – Cartoon: Horst Haitzinger – Süddeutsche Zeitung v. 21.11.2005, S. 12
14 Wilhelm Busch
15 in: Neuorientierung für eine nachhaltige Landwirtschaft. Ein Diskussionsbeitrag zur Lage der Landwirtschaft, mit einem Wort des Vorsitzenden der Dt. Bischofskonferenz und des Vorsitzenden des Rates der EKD, hg. v. Kirchenamt der Evangelischen Kirche in Deutschland – Katechismus der Katholischen Kirche, Oldenbourg Verlag, München/Wien ^{2}2003
16 Islamrat für die Bundesrepublik Deutschland
17 Rituelle Schlachtung in Spanien, 14. Jh.
19 in: Dietrich Steinwede/Dietmar Först, Die Schöpfungsmythen der Menschheit, Patmos Verlag, Düsseldorf 2004
20 Heinrich Campendonk (1889-1957), Der sechste Tag, 1914, 100 x 130 cm, Öl auf Leinwand, Wilhelm-Lehmbruck-Museum, Duisburg © VG Bild-Kunst, Bonn 2011
21 Rune Mields (geb. 1935), Genesis Johannes 1, 1992/96, 360 x 250 cm, Aquatec auf Leinen © VG Bild-Kunst, Bonn 2011
22 Holzschnitt, unbekannter Künstler – Niki de Saint Phalle (1930-2002), Adam und Eva, ca. 1984/85, Skulptur im Tarot-Garten © VG Bild-Kunst, Bonn 2011 – © Sieger Köder, Schöpfung
23 Cartoon: Klaus Stuttmann – in: Reinhard Kaiser (Hg.), Populäres Lexikon religiöser Bräuche und Gegenstände, Eichborn Verlag, Frankfurt/M., S. 253
24 Die Ruhe bewahren, Initiative für den Sonntag, Argumente aus der Evangelischen Kirche 3, hg. v. Landeskirchenamt der Ev. Kirche im Rheinland – in: Katechismus der Katholischen Kirche, Oldenbourg Verlag, München/Wien ^{2}2003
27 Erich Kästner, in: Gesang zwischen den Stühlen, Atrium Verlag, Zürich 1929, NA 1985 – „trash ist kultur", eine Kampagne der Stiftung Praktischer Umweltschutz Schweiz Pusch
29 Cartoon: Horst Haitzinger – Stefan Greschik, in: geolino Nr. 10/2003 – in: National Geographic Deutschland, August 2002
30 anzu, in: Süddeutsche Zeitung v. 10. Januar 2006
31 Armin Kreiner, in: Süddeutsche Zeitung v. 15. Juli 2005, S. 11
32 Michael Meyer-Blanck/Wighard von Koenigswald, in: Rheinischer Merkur v. 5. November 2006
33 Comic: Volker Reiche, Königstein
34 Raffael (Raffaelo Santi, 1483-1520), Die Erschaffung der Tiere, Vatikan, Rom, 1518-1519
35 Peer Brocke, in: Lebenshilfe-Zeitung 4/2003 v. 3. Dezember 2003
36 Peer Brocke, s. zu S. 35 – Malteser Archiv – Deutsche Bischofskonferenz
37 Schöpfung, Kölner Bibel, 1478
40 in: Hubertus Halbfas, Das Welthaus, Calwer Verlag, Stuttgart 1985, S. 179 – Ernst Maria Lang/SV Bilderdienst
41 Bernd Kadowitz, in: Süddeutsche Zeitung v. 15. Februar 2005 – Foto: Reuters
42 Fotos: SZ-Grafik – Edeltraud Rattenhuber, in: Süddeutsche Zeitung v. 21. Februar 2006
43 Klaus Ritterbusch (geb. 1947), La Poubelle (Der Papierkorb), 1991/92, 280 x 360 cm, Öl auf Leinwand, Städt. Museum Gelsenkirchen © VG Bild-Kunst, Bonn 2011
44 Arche Noah, Kolorierter Holzschnitt aus der Deutschen Bibel von Anton Kolberger, Nürnberg 1483 – H. Moser/Baaske Cartoons
45 rtw/kög, in: Süddeutsche Zeitung v. 10. November 2005, S. 2 – Bau der Arche, Holzschnitt, in: Schedelsche Weltchronik, 1493
48 Manfred Deix: Augenschmaus, S. 223 © 1992 Diogenes Verlag AG Zürich – Foto: picture alliance – in: rp online – Berliner Zeitung v. 1. Oktober 1997 – Spiegel online v. 3. März 2004
49 Cartoon: Horst Haitzinger – Die Zeit, Magazin Zeitpunkte 2/1995 – Dr. Gebhard Fürst, Bischof der Diözese Rottenburg-Stuttgart und Geistlicher Assistent des ZdK
50 Westfälisches Volksblatt v. 19. Juni 1996 – Süddeutsche Zeitung v. 20. Mai 2005, S. 10 – Gerhard Mester/Baaske Cartoons – Karl Kardinal Lehmann
51 Helmut Kerscher, in: Süddeutsche Zeitung v. 8. März 2006, S. 1 – Gerhard Mester/Baaske Cartoons
52 Text und Foto: Peer Brocke, in: Lebenshilfe-Zeitung

53 Elke Heidenreich, in: Brigitte 22/86 – Aldous Huxley, Quelle unbekannt – Cartoon: Manfred Deix: Augenschmaus, S. 232 © 1992 Diogenes Verlag AG Zürich
56 Jürgen Moltmann, Der Sinn der Arbeit, in: Günter Brakelmann u. a. (Hg.), Recht auf Arbeit – Sinn der Arbeit, Kaiser Verlag, München 1979, S. 71f. – Foto: Christopher Stock, Emmering
57 Reiner Schwalme
58 Spiegel online v. 29. August 2004 – Verfasser unbekannt
59 KNA-Meldung v. 20. Juni 2005
60 www.girls-day.de
61 Wilhelm Busch, in: Schein und Sein, 1909
62 T: Hans Bradtke © Melodie der Welt J. Michel KG Musikverlag, Frankfurt/M. – Kurt Halbritter, Jeder hat das Recht, Carl Hanser Verlag © 1976 München/Wien
64 Antoine de Saint-Exupéry, Der Kleine Prinz, Karl Rauch Verlag, Düsseldorf 1960
65 Jugendpressedienst des AOK-Bundesverbands, Bonn
66 Theo Sprenger, in: www.v-k-r.de, Verband katholischer Religionslehrerinnen und Religionslehrer an Berufsbildenden Schulen e. V. (gekürzt)
67 Alexander Calvelli (geb. 1963), Kokerei Kaiserstuhl, Dortmund, 2001, 119 x 59 cm, Acryl auf Leinwand, Privatbesitz © VG Bild-Kunst, Bonn 2011, Foto: Friedrich Rosenstiel, Köln
68 Wolfgang Seifert, in: sowi-online.de, Projekt Politik
69 Die Baustelle Nr. 4 – Juli 2003, Zeitschrift des Caritasverbandes der Diözese Rottenburg-Stuttgart
70 Johannes Rau, Globalisierung ? Chance, nicht Schicksal, in: „Berliner Rede" des Bundespräsidenten im Museum für Kommunikation Berlin am 13. Mai 2002 – Bundespräsidialamt Berlin
71 Lexikon Ethik Religion, hg. v. Christoph Kunz, Stark Verlag 2001, S. 67 – GEPA – The Frair Trade Company – Gerhard Mester/Baaske Cartoons
72 Karl Kardinal Lehmann, 18. 11. 2004, Kongress in Frankfurt „Berufliche Bildung mit religiöser Kompetenz" – Verlag Katholisches Bibelwerk, Stuttgart, Cover: Marc Chagall © VG Bild-Kunst, Bonn 2011
76 www.iceberg.com – Wege der Freiheit 10, hg. v. Bistum Rottenburg/Stuttgart, Verlag Katholisches Bibelwerk, Stuttgart 1996 – Jean Jacques Sempé, Konsumenten, © 1986 Diogenes Verlag AG Zürich
77 Papst Benedikt XVI., Enzyklika Deus Caritas Est, Verlautbarungen des Heiligen Stuhls Nr. 171, 25. Dezember 2005 (gekürzt) – T: Nena Kerner © Arabella Musikverlag GmbH (BMG UFA Musikverlage)/Universal Music Publ. GmbH, Berlin
78 Bertolt Brecht, in: Liebesgedichte, ausgewählt von Elisabeth Hauptmann, Insel Verlag, Frankfurt 1976 – T: Trevor William Griffin/Andrew David Scott © Maxwood Music Ltd./Artemis BV Musikverlag Intersong GmbH & Co, KG, Hamburg – Max Frisch, in: Tagebuch 1946-1949, Suhrkamp Verlag, Frankfurt 1962, S. 31
79 Cartoon: Jals
80 Bericht einer Schülerin – Gerhard Mester/Baaske Cartoons – Statistische Zahlen: Globus infografik
82 © Claudia Blume
83 T: Farin Urlaub/Dirk Felsenheimer © 1993 by Edition Brausebeat Musik Edition Discoton GmbH (BMG Music Publishing Germany), München
85 Benedikt von Nursia, ca. 550, Fresko im Kloster von Subiaco, Umbrien
86 Caritas Deutschland – Chimäre von Arezzo, Bronzeplastik, etrusk./römisch, ca. 5./4. Jh. v. Chr., H ca. 80 cm, Palazzo della Crocetta, Florenz
87 Lucas Cranach d. Ä. (1472-1553), Selbstbildnis im 77. Lebensjahr, 1550, 67 x 49 cm, Öl auf Holz, Galleria degli Uffizi, Florenz
88 Sr. Christa M. © Franziskanerinnen von Reute, Bad Waldsee
89 Artemisia Gentileschi (1593-1653), Judith enthauptet Holofernes, 1612/13, Öl auf Leinwand, 199 x 152 cm, Galleria Nazionale die Capodimonte, Neapel
90 Foto: Kösel-Archiv – Brigitte Zein-Schumacher, Arnsberg
91 Gnadenstuhl aus dem Landgrafenpsalter, ca. 1210, fol. 172v, Württembergische Landesbibliothek Stuttgart, Kösel-Archiv
92 Foto: KNA, Bonn
93 Lucas Cranach d. Ä. (1472-1553), Martin Luther als Mönch, Radierung 1520, in: Ders., Das gesamte grafische Werk, München 1972
94 Quelle unbekannt

Die überwiegende Zahl der Quellenangaben ist aufgeführt. In Einzelfällen ließen sich die Rechtsinhaber nicht ermitteln. Für Hinweise sind wir dankbar. Sollte sich ein/e nachweisbare/r Rechtsinhaber/in melden, zahlen wir das übliche Honorar.